Karl-Heinz Vanheiden

NEUE TIEFEN SCHÄRFE

Kleines Bibellesebuch
in chronologischer
Folge

Christliche Verlagsgesellschaft mbH
Kompetent. Profiliert. Engagiert.

EDITION BIBELBUND

Bibelzitate nach der **NeÜ bibel.heute**
© 2010 Karl-Heinz Vanheiden
www.kh-vanheiden.de
Alle Rechte vorbehalten.

Edition Bibelbund:
eine Koproduktion der Christlichen Verlagsgesellschaft mbH,
Dillenburg, und dem Bibelbund e.V. (www.bibelbund.de)

Vanheiden, Karl-Heinz:
Neue Tiefenschärfe
Kleines Bibellesebuch in chronologischer Folge
ISBN 978-3-89436-818-0
1. Auflage 2010

© Copyright 2010, Christliche Verlagsgesellschaft mbH
www.cv-dillenburg.de
Satz: KHV, Gefell
Covergestaltung: Werbestudio 71a, Wuppertal
Druck: CPI Moravia Books, Pohorelice

Printed in Czech Republic

Inhaltsverzeichnis

Vorwort

Auf einer Freizeit in den Bergen der Beskiden (ehemalige CSSR) blätterte ich in einer amerikanischen Bibelausgabe. Dabei entdeckte ich das erste Mal ein Konzept, die Bibel in einem Jahr nach chronologischer Ordnung durchzulesen. Das Programm faszinierte mich so, dass ich sofort begann, es handschriftlich zu kopieren und für uns passend umzuarbeiten.

Später wurde mir klar, dass es schwierig sein könnte, die Psalmen in einem Zug hintereinander zu lesen. Andererseits aber gibt es lange Passagen in der Bibel, in die man vielleicht einzelne Psalmen zur »Erholung« einbauen sollte. Außerdem wäre es bestimmt eine Hilfe, die Bibel in chronologischer Reihenfolge nach dem Ablauf der Geschichte und der Entstehung der biblischen Schriften lesen zu können.

So entstand ein erster Bibelleseplan für die Jugendarbeit in der ehemaligen DDR, der dann mit ziemlich primitiven Methoden vervielfältigt wurde. Nachdem die ersten zwei Ausgaben vergriffen waren, arbeitete ich den Plan noch einmal um und ließ ihn mit offizieller Genehmigung drucken.

Für den nächsten Plan hatte ich die Psalmen entweder in ihr geschichtliches Umfeld eingeordnet, soweit das aus dem Text zu erkennen war, oder dorthin gestellt, wo die Erfüllung der in ihnen enthaltenen Prophetie berichtet ist. Die Psalmen, die sich nicht direkt zuordnen ließen, bilden die »Oasen« an »Durststrecken«.

Außerdem fand der Leser vor jedem Leseabschnitt einen Überblick über den zu erwartenden Inhalt, wobei besonders schwierig zu verstehende Textpassagen kurz erklärt wurden. Kurze Einführungen in die biblischen Bücher wurden den jeweiligen Texten vorangestellt.

Dieses Taschenbuch »Tiefenschärfe« wurde nach zwei Auflagen jetzt noch einmal gründlich überarbeitet und erweitert. Vor allem werden nun neutestamentliche Texte innerhalb der zeitlichen Chronologie der biblischen Bücher zum wechselnden Lesen im Alten und Neuen Testament angeboten. Das Prinzip der chronologischen Lesefolge konnte trotzdem beibehalten werden.

Danken möchte ich neben meinem Herrn und Gott allen Glaubensgeschwistern, deren Ideen und Korrekturvorschläge in dieses Buch eingeflossen sind, besonders aber Hermann Am Ende, dem ehemaligen Leiter der Bibelschule Burgstädt, und seiner Gattin Ingeborg, die mit Ermutigung und Gebet die Arbeit von Anfang an begleitet haben.

Wenn dieses Taschenbuch dazu beiträgt, dass das »Buch der Bücher« wirklich wieder vollständig gelesen wird, war es jeder Mühe wert.

Der Verfasser

**Wir glauben nicht an die Bibel,
aber an alles, was sie sagt.**

»Das eine allerdings bekenne ich dir: Ich ... glaube an alles, was im Gesetz und den Schriften der Propheten steht.«

(Paulus in Apostelgeschichte 24,14)

Einführung

Seit beinahe 2000 Jahren wird die Bibel von unzähligen Menschen auf der ganzen Welt gelesen. Durch ihre bestechende Aktualität, durch ihre ungeminderte Kraft und Wirksamkeit, aber auch durch ihre Verbreitung beeindruckt sie bis heute. Ungefähr 200 bis 300 Millionen Bibeln und Bibelteile werden jährlich von Bibelgesellschaften und Verlagen in mehr als 2450 Sprachen verbreitet.

Die Bibel ist eigentlich eine ganze Bücherei, bestehend aus 70 Schriften: Geschichtsbücher, Chroniken, eine fünfbändige Liedersammlung, Teilbiografien, Prophetenschriften, Briefe, Rundschreiben, Spruchsammlungen. Sie entstanden in der Zeit zwischen 1450 vor und 100 nach Christus. Von den etwa 40 Verfassern sind uns 36 namentlich bekannt. Die Bibel umfasst etwa 1500 kleingedruckte Seiten, die in 1189 Kapitel und 31.176 Verse eingeteilt sind. Wenn man alle hintereinander lesen will, braucht man 60-70 Stunden. Bei drei bis vier Kapiteln pro Tag schafft man es also bequem, die Bibel in einem Jahr durchzulesen.

Die Bibel fasziniert durch ihre Einheit und Geschlossenheit. Offensichtlich hängt das damit zusammen, dass sie durch direkte Einwirkung Gottes entstanden ist. Gott erwählte die Verfasser mitsamt ihrer persönlichen Eigenart und ihrem geschichtlichen Umfeld, heiligte sie und gewährte ihnen seine Offenbarung. Sein Geist leitete sie bei der Niederschrift bis in die Wortwahl hinein, ohne jedoch ihre Persönlichkeit auszuschalten. Und gerade darin besteht die Einzigartigkeit der Bibel: Sie ist ganz Gottes Wort und ganz Menschenwort zugleich. Und sie enthält Gottes Geschichte mit den Menschen und seinen Plan für ihre Erlösung. In der Bibel hat Gott seine Antwort zu den Grundfragen unseres Lebens niedergelegt. Deshalb gilt:

> »Dein Wort ist eine Leuchte vor meinen Füßen
> und ein Licht auf meinem Weg.«
> (Psalm 119,105)

Wer die Bibel liest, weiß, wie er leben soll und kann.

»Ihr glaubt doch nicht an die Bibel«, unterstellte mir vor einiger Zeit ein sich wohlwollend gebender Pastor, »sondern an Jesus Christus!« – »Natürlich glauben wir an Jesus«, erwiderte ich, »aber nur an den, von dem uns das Neue Testament berichtet.«

Tatsächlich glauben wir nicht an irgendeinen Jesus, sondern ausschließlich an den, von dem Matthäus und Johannes berichtet haben, dessen Worte uns von Markus und Lukas wiedergegeben werden, an den Jesus, den Paulus predigte und der schon im Alten Testament angekündigt wurde.

Man kann doch nicht an einen Jesus glauben, den ein Jesus-Roman schildert oder den jemand in einer Vision gesehen hat, den moderne Theologen präsentieren oder der von Künstlern dargestellt wird.

Grundlage unseres Glaubens ist tatsächlich die »Schrift«, die »Heilige Schrift«, die uns von Jesus, dem Sohn Gottes, berichtet, der Mensch wurde und wirklich Fleisch und Blut annahm, der unter Pontius Pilatus gelitten hat, der gestorben ist, begraben wurde und auferstanden ist, der aufgefahren ist zu seinem Vater im Himmel und der wiederkommen wird. An diesen Jesus glauben wir, der selbst das Wort Gottes heißt, und nicht an menschliche Meinungen und Fantasien über ihn.

Unser Umgang mit der Bibel gründet sich auf das Vorbild unseres Herrn Jesus Christus in seinem Umgang mit dem Alten Testament und auf die Voraussetzung, die Paulus im Brief an seinen Mitarbeiter Timotheus so beschreibt:

> »Die ganze Schrift ist von Gottes Geist gegeben und von ihm erfüllt. Ihr Nutzen ist entsprechend: Sie lehrt uns die Wahrheit zu erkennen, überführt uns von Sünde, bringt uns auf den richtigen Weg und erzieht uns zu einem Leben, wie es Gott gefällt.« (2. Timotheus 3,16)

Wir versprechen uns sehr viel davon, wenn wir uns mit der Bibel beschäftigen.

Es lassen sich sieben wesentliche Aktivitäten in unserem Umgang mit der Bibel beschreiben: Hören, Lesen, Studieren, Nachsinnen, Auswendiglernen, Beten, Anwenden.

1. Hören. Unser erster Kontakt mit dem Wort Gottes geschieht meist durch das Hören einer Predigt, einer Auslegung der Bibel, wie Paulus an die Römer schreibt:

»Wie sollen sie an den glauben, von dem sie noch nichts gehört haben? Und wie sollen sie von ihm hören, wenn es ihnen keiner sagt? ... Der Glaube kommt also aus dem Hören der Botschaft und die Verkündigung aus dem Wort von Christus.« (Römer 10,14.17)

Keiner von uns erreicht je den Stand geistlicher Selbstversorgung, in dem diese Belehrung durch andere überflüssig wird. Wir brauchen Unterweisung und natürlich auch Gemeinschaft. Deswegen müssen wir immer wieder zum Hören des Wortes Gottes zusammenkommen.

2. Lesen. Noch intensiver als das Hören ist das Lesen der Bibel. Hierbei wird man nicht durch andere, sondern in gewisser Hinsicht durch Gott selbst belehrt. Deshalb steht im letzten Buch der Bibel:

»Glücklich ist, wer diese prophetischen Worte liest, und alle, die sie hören und danach handeln.« (Offenbarung 1,3)

Wenn wir uns in der Bibel nicht auskennen, werden wir leicht in die Irre geführt. Wir brauchen einen Gesamtüberblick! Wir können es uns nicht leisten, vom Glauben Abrahams keine Ahnung zu haben oder von der Not Hiobs, und wir müssen wissen, wie Daniel seine Prüfung bestand oder worauf es beim Dienst des Titus ankam. Ein Bibelleseplan wie der vorliegende, der in kurzer Zeit durch die ganze Bibel führt, kann dabei recht nützlich sein.

3. Studieren. In der Apostelgeschichte wird einmal von Juden berichtet, die das vorbildlich taten:

> »Die Juden in Beröa aber waren unvoreingenommener als die in Thessalonich. Sie nahmen die Botschaft bereitwillig auf und studierten täglich die Heiligen Schriften, um zu sehen, ob das, was Paulus lehrte, wirklich zutraf.« (Apostelgeschichte 17,11)

Das Lesen vermittelt die Breite, das Studium die Tiefe des Wortes Gottes. Wir dringen durch das Studium tiefer in einen Text oder ein Thema ein. Deshalb ist Studieren schwieriger als Lesen. Man braucht mehr Konzentration und Disziplin. Man muss Fragen stellen, sorgfältig analysieren, Übersetzungen vergleichen, Parallelaussagen prüfen, bei anderen Auslegern nachlesen, sich über geschichtliche Fakten informieren, Schlussfolgerungen ziehen und in ein logisches Konzept einbinden und schließlich Ergebnisse formulieren.

Jeder Christ sollte nach den Möglichkeiten, die ihm gegeben sind, die Bibel studieren.

> »Eigentlich müsstet ihr längst andere unterrichten können, statt dessen braucht ihr jemand, der euch noch einmal die Anfangselemente der Botschaft Gottes beibringt. Ihr braucht wieder Milch statt fester Nahrung.« (Hebräer 5,12)

Wenn diese Einschätzung auf uns zutrifft, sollten wir alles tun, um das zu ändern. Der vorliegende Bibelleseplan ist eine erste Möglichkeit dazu. Übrigens: Man findet immer Zeit für das, was einem wichtig ist!

4. Nachsinnen. Beim Nachsinnen öffnet sich unser Verständnis für eine biblische Aussage, unsere Gefühle binden sich an das Wort und unser Wille wird angespornt. Wer einen Vers in seinen Gedanken unter verschiedener Betonung eine Zeitlang ständig wiederholt, wer darüber nachdenkt, um seine Bedeutung zu erfassen, wird mit göttlichem Reichtum beschenkt:

> »Wie beneidenswert glücklich ist der,
> der nicht auf den Rat von Gottlosen hört,
> der sich an Sündern kein Beispiel nimmt
> und nicht mit Spöttern zusammensitzt,
> sondern Lust hat an der Weisung Jahwes
> und über sein Wort Tag und Nacht sinnt!«
> (Psalm 1,1-2)

Ihm gelten besondere Verheißungen, wie Psalm 1 auch in seinen weiteren Versen deutlich macht.

5. Auswendiglernen. Voraussetzung für solches Nachsinnen ist natürlich, dass man einen Bibelvers zunächst im Kopf hat. Dann kann man bei jeder Gelegenheit darüber nachdenken. Vielleicht hat man im Lauf der Zeit einen ganzen Abschnitt im Kopf, wenn man ihn täglich betend liest. So wird das Wort Gottes ins Herz aufgenommen und schließlich auch das Handeln bestimmen, wie Psalm 119 sagt:

> »Dein Wort prägte ich tief in mir ein,
> weil ich nicht gegen dich sündigen will.«
> (Psalm 119,11)

Wenn wir uns im Wort Gottes gründlich auskennen und versuchen, danach zu leben, sind wir am besten gegen jede Art von Versuchungen und Angriffen auf die Bibel geschützt.

Bibelkritik ist der Versuch, die Autorität der Bibel und ihre alleinige Verbindlichkeit für unser Leben in Frage zu stellen. Es gibt dabei zwei Arten: Die eine ist dadurch gekennzeichnet, dass sie Zusätze zum Wort Gottes macht, also mystische Erfahrungen oder menschliche Traditionen in göttlichen Rang erhebt. Die andere macht Abstriche vom Wort Gottes, sie erklärt, dass es bestimmte Dinge in der Bibel nicht gegeben haben könne und die Bibel deshalb in vielen Teilen nicht maßgeblich für uns wäre. Dem wollen wir durch fleißiges Bibellesen und vor allen Dingen durch Gebet und Anwendung des Gelesenen in unserem Leben entgegentreten.

6. Beten. Wenn wir durch das Lesen der Bibel von Gott belehrt und durch seinen Geist angesprochen werden, dann ist das Gebet sozusagen unsere Antwort darauf. Vielleicht ist mir beim Lesen bewusst geworden, dass ich gesündigt habe. Dann bitte ich Gott um Vergebung. Vielleicht ist mir auch klar geworden, dass ich in meinem Verhalten etwas ändern muss. Dann bitte ich um Kraft, das tun zu können. Oder ich werde angeregt, Gott zu danken oder ihn zu loben. Mein Gebet soll mein Bibellesen immer begleiten.

7. Anwenden. Gottes Wort ist nicht nur dazu da, unser Wissen zu vermehren, sondern vor allem, um unser Leben zu verändern. Die Bibel ist durch das Wirken des Geistes Gottes zustande gekommen, und dieser Heilige Geist ist auch heute noch mit ihr verbunden. Deshalb kann von der Bibel gesagt werden:

>»Sie lehrt uns die Wahrheit zu erkennen, überführt uns von Sünde, bringt uns auf den richtigen Weg und erzieht uns zu einem Leben, wie es Gott gefällt.« (2. Timotheus 3,16)

Darum geht es: Unser Leben soll so werden, dass es Gott gefällt. In der Bibel erfahren wir, was Gott will. Im Gehorsam wollen wir tun, was wir erkannt haben. Im Gebet bitten wir Gott um Kraft, Mut und Gelingen. Denn letztlich ist unser Leben die einzige Bibel, in der die Menschen, die Gott nicht kennen, noch lesen.

Neue Tiefenschärfe

Tiefenschärfe bezeichnet in der Fotografie den scharf abgebildeten Bereich des Bildes. Je größer die Tiefenschärfe ist, desto mehr Bereiche des Bildes sind gut zu erkennen. Auf die Bibel angewandt heißt das: Ich will mich nicht mit einer vordergründigen Bibelkenntnis begnügen, sondern auch den Hintergrund erkennen, ich will Gottes Wort tiefer und gründlicher kennenlernen.

Dieser Bibelleseplan ist für Menschen gedacht, die schon eine persönliche Beziehung zu Jesus Christus gewonnen haben und sich einen Überblick über die ganze Bibel verschaffen wollen. Wer die für jeden Tag angegebenen Bibeltexte liest, kann sich in einem Jahr schon eine erste Übersicht verschafft haben. Er benötigt dafür pro Tag je nach Lesegeschwindigkeit 15-20 Minuten.

Man muss aber nicht bis zum nächsten Jahr warten, wenn man den Plan verwenden will. Man kann sofort bei Tag eins oder einem beliebigen anderen beginnen und folgt dann einfach der Nummerierung der Tage.

Neben jedem Leseabschnitt befindet sich eine Reihe von Kästchen, die der Anzahl der zu lesenden Kapitel entspricht. Wer sich pro Tag auf weniger Kapitel beschränken will, kreuze einfach nur die an, die er gelesen hat.

Wir lesen aber nicht, um ein Soll zu erfüllen, sondern um Gottes Willen für unser Leben kennenzulernen. Wir sollten deshalb schon vor dem Lesen unseren Herrn bitten, dass er uns sein Wort aufschließt. Nach dem Lesen sollten wir überlegen, welche biblische Wahrheit wir gefunden haben, und dafür danken. Vielleicht sollten wir auch um die Hilfe Gottes bitten, das Erkannte im Alltag zu verwirklichen.

Persönliche Notizen helfen, das Erkannte festzuhalten, und der sanfte Zwang zur Niederschrift bewahrt vor allzu oberflächlichem Lesen. Ich habe dafür immer etwas Platz gelassen. Wer den Plan ein weiteres Jahr benutzt, kann die Notizen durch neue Erkenntnisse ergänzen und so einen Schatz geistlicher Wahrheiten sammeln.

Jedem biblischen Buch ist eine kurze Einleitung vorangestellt, die auch eine grobe Gliederung enthält, auf die in den einzelnen Leseabschnitten wieder eingegangen wird. Zu jedem Buch ist auch ein Schlüsselwort und ein Schlüsselvers angegeben. Das Schlüsselwort ist ein Begriff, unter dem man sich den Inhalt des betreffenden Buches merken kann. Der ausgewählte Schlüsselvers soll die zentrale Wahrheit des Buches zusammenfassen. Schlüsselverse sollte man in seiner Bibel im Zusammenhang lesen, sie kennzeichnen und möglichst auswendig lernen. Überhaupt sollte man Wahrheiten, die einem besonders wichtig wurden, in seiner Bibel markieren.

Jedem Tag ist jetzt ein Tagesvers vorangestellt. Für die ersten 176 Tage stammt dieser aus Psalm 119. Weil die Verszählung hierbei meist der Tagesnummer entspricht, wurde für diese Tage auf die Stellenangabe verzichtet.

Ich empfehle, zunächst mit einer Bibelübersetzung zu beginnen, die dem Leser noch nicht geläufig ist, oder einer, die leicht zu lesen und zu verstehen ist, wie zum Beispiel die »NeÜ bibel.heute«, die **N**eue **e**vangelistische **Ü**bersetzung, eine Übertragung der Bibel ins heutige Deutsch. Die eingängige Sprache ist hier mit den notwendigen Erklärungen zum sprachlichen oder zeitgeschichtlichen Hintergrund verbunden. Schwierigkeiten in der Bibel werden im Sinn einer bibeltreuen Theologie erklärt. Diese Bibel wird von der Christlichen Verlagsgesellschaft Dillenburg herausgegeben.

Der Verfasser

1. Tag
Wie glücklich sind die, die tadellos leben,
die sich richten nach Jahwes Gesetz.

Das **erste Buch Mose.** Das erste Buch der Bibel wird auch *Genesis* (d.h. Ursprung oder Entstehung) genannt.

Schlüsselwort:	Schlüsselvers:
Anfang	1,1

Es zeigt uns den Anfang der Schöpfung, der Menschheitsgeschichte, des Volkes Israel und der Geschichte Gottes mit den Menschen überhaupt. Es ist grundlegend für das Verständnis der ganzen Bibel, denn alle späteren biblischen Bücher nehmen irgendwie auf dieses Buch Bezug.

Der Verfasser des *Pentateuch*, also aller fünf Mosebücher, ist nach biblischer Aussage Mose, der am ägyptischen Königshof erzogene Führer Israels. Er lebte wahrscheinlich von 1527-1407 v.Chr. Alle Versuche, den Text verschiedenen Quellen zuzuordnen und seine Entstehung in verschiedenen Schichten herauszuarbeiten, haben bisher nur zu Spekulation und Subjektivität geführt. Tatsächlich hätte niemand eine bessere Qualifikation zum Schreiben der Bücher gehabt als Mose.

Das erste Buch Mose gliedert sich in die Urgeschichte (Kapitel 1-11) und die Geschichte der Patriarchen (Kapitel 12-50). Die ursprünglichen Schriften der Bibel hatten allerdings keine Kapiteleinteilung. Diese wurde erst um das Jahr 1220 n.Chr. zur besseren Orientierung eingefügt, die Verseinteilung sogar erst im Jahr 1551.

Die Urgeschichte berichtet von vier bedeutenden Ereignissen: der Schöpfung (1-2), dem Sündenfall (3-5), der Sintflut (6-9), dem Turmbau von Babel und der nachfolgenden Zerstreuung der Völker (10-11).

Die Geschichte der Patriarchen berichtet von vier bedeutenden Personen: Abraham (12-25), Isaak (21-35), Jakob (25-50) und Josef (30-50).

1. Mose	
☒	1
☒	2
☒	3

Wir lesen vom Anfang der Welt, vom Beginn der Geschichte und vom ersten Ungehorsam des Menschen, dem Sündenfall und seinen unmittelbaren Folgen. Kapitel 2 bringt ab Vers 4 ergänzende Details zu dem in Kapitel 1 gezeigten Panorama der Schöpfung. Kapitel 3,15 (=3 Vers 15) gibt einen ersten Hinweis auf den kommenden Erlöser. (80 Verse)

Was mir besonders auffiel: Gott ist so mächtig und vielfältig, dass er alles schufe.

2. Tag

Wie glücklich sind die, die seinen Zeugnissen trauen,
die aufrichtig suchen – nach ihm!

1. Mose	
☒	4
☒	5
☒	6

Wir lesen vom ersten Brudermord und den Nachkommen des Mörders, von den weiteren Nachkommen Adams und von der Vorgeschichte der Sintflut, die als Ganzes in der Geschichte Noahs (6-9) zusammengefasst ist. Die Kapitel umfassen einen Zeitraum von etwa 1600 Jahren. (80 Verse)

Diese Welt vor der Flut mutet uns fremdartig an, doch gab es auch damals schon Menschen, die bewusst mit Gott leben wollten. Die erwähnten Riesen der Vorzeit entstammten nicht den Ehen der Gottessöhne mit den Menschentöchtern. Sie gab es nach 6,4 schon vorher.

Was mir wichtig wurde: Was wird aus die Menschen wurden viele wurden nicht erwähnt von der Menschheit, sondern nur der Stammbaum bis zu Noa da Noah wichtig war.

Wo Abraham Vorbild für mich ist: ....

....

....

6. Tag
Dann würde ich nicht beschämt,
wenn mein Blick auf deine Gebote fällt

1. Mose

☐   15
☐   16
☐   17

Wir lesen von dem Bund Gottes mit Abraham und der Voraussage, dass seine Nachkommen 400 Jahre in Ägypten leben würden, von der ungläubigen und ungerechten Handlungsweise Saras und der Bestätigung des Bundes, wobei Abraham (vorher Abram) und Sara (vorher Sarai) neue Namen bekamen und Abraham beschnitten wurde. (64 Verse)

Das eigenartige Opferzeremoniell in Kapitel 15 war bei Bundesschlüssen im Alten Orient üblich und besagte: Wenn einer der beiden Partner den Bund brach, erging es ihm so wie diesen zerteilten Tieren, zwischen denen sie hindurchgegangen waren.

Was ich über Gott lerne: ....

....

....

....

7. Tag
Deine Bestimmungen präg ich mir ein
und danke dir ehrlich dafür.

Wir lesen von Abrahams Begegnung mit Gott und seiner glaubensvollen Fürsprache für Sodom, vom Untergang Sodoms und dem moralischen Untergang Lots, dann   **19**

1. Mose	
❏	18
❏	19
❏	20

aber von dem erneuten Verrat Abrahams an seiner Frau, deren Reinheit Gott wiederum bewahrte, um Abraham den versprochenen Segen geben zu können. (89 Verse)

Was mir zur Warnung dient: ....

....

....

....

8. Tag
Deine Gesetze halte ich gern.
Verlass mich nicht und stehe mir bei!

1. Mose	
❏	21
❏	22
❏	23

Wir lesen von der Geburt des verheißenen Sohnes und der Trennung von dem in Eigenwillen gezeugten Ismael, von Abrahams erstaunlichem Gehorsam gegenüber Gott, als er bereit war, seinen Sohn Isaak zu opfern, und vom Erwerb des ersten Landstücks in Kanaan nach dem Tod seiner Frau Sara. (78 Verse)

Was mir wichtig ist: ....

....

....

9. Tag
Wie hält ein junger Mann sein Leben rein?
Indem er tut, was du ihm sagst!

1. Mose	
❏	24

Wir lesen zunächst von der beeindruckenden Brautwerbung für Isaak. – Der merkwürdige Ausdruck: »Lege deine Hand unter meine Hüfte« ist offenbar symbolisch gemeint, nicht als Berührung des Zeu-

20

gungsglieds, wie in heidnischen Fruchtbarkeitsriten. Solch eine Vorstellung ist dem Alten Testament fremd. Die Schwurgeste bestand in der erhobenen Hand, vergleiche 1. Mose 14,22.

> Wir verlassen jetzt für einige Tage die Geschichte der Patriarchen, um uns einem weiteren besonderen Einzelschicksal zuzuwenden, das sich um diese Zeit herum vollzogen haben muss, dem Schicksal Hiobs.

Das Buch **Hiob**. Wie aus verschiedenen Beobachtungen im

Schlüsselwort:	Schlüsselvers:
Prüfung	1,9

Buch Hiob hervorgeht, lebte Hiob wahrscheinlich zur Zeit der Patriarchen Isaak und Jakob in einem Gebiet, das später vom Stamm Manasse bewohnt wurde (das Land Uz). Die Existenz Hiobs wird in der Bibel von Hesekiël 14,14.20 und Jakobus 5,11 bestätigt. Seine Geschichte ist von einem ungenannten Verfasser nach 1500 v.Chr. aufgeschrieben worden. Vermutet werden vor allem Mose oder Salomo. Thema ist das Geheimnis des Leidens: »Warum lässt Gott es zu, dass Fromme leiden?« Die drei Freunde Hiobs sagen teilweise Richtiges dazu, was aber im Fall Hiobs nicht zutrifft. Wenn man das Ende dieses ältesten Buches der Bibel bedenkt, dann führt seine Aussage über das »Warum?« hinaus. Dann ist es »Hoffnung im Leiden«.

Das Buch Hiob ist ein unvergleichliches literarisches Kunstwerk. Es fällt auch durch seinen Aufbau auf: Anfang und Ende des Buches sind beschreibende Prosa, die drei Mittelteile sind in poetischer Sprache verfasst.

Kapitel 1-2	**Geschichte.** Hiobs Feind ist der Satan.
Kapitel 3-31	**Reden.** Hiobs Ankläger.
Kapitel 32-37	**Reden.** Hiobs Vermittler.
Kapitel 38-42,6	**Reden.** Hiobs Schöpfer.
Kapitel 42,7-17	**Geschichte.** Hiobs Erlöser ist Gott.

Seine erste Prüfung, bei der ihm alles genommen wurde, bestand Hiob ausgezeichnet, aber in der zweiten, als er selbst angetastet wurde, versagte er, denn er verlangte von Gott, dass er seine Rechtschaffenheit belohnte. Diese auf Werken beruhende Gerechtigkeit konnte Gott nicht akzeptieren. Darum stellte er selbst sich ihm vor, wodurch Hiob gedemütigt und gerettet wurde.

Hiob
☐ 1
☐ 2

Wir lesen von Hiobs Wohlergehen und dem Plan Satans, an ihm ein Exempel zu statuieren. Dabei stellen wir fest, dass der Böse zwar gewisse Freiheiten hat, aber nichts ohne ausdrückliche Erlaubnis Gottes tun darf. Satan ahnte nicht, dass alles, was er Hiob antat, letztlich dazu dienen würde, dass es Hiob hinterher viel besser ging. (102 Verse)

Welche Wahrheit ich fand: . . . .

. . . .

. . . .

. . . .

10. Tag
Von ganzem Herzen suche ich dich,
halte mich bei deinem Gebot!

Hiob
☐ 3
☐ 4
☐ 5

Wir lesen von Hiobs bitterer Klage, in der er aber Gott nicht abschwor, wie Satan es behauptet hatte, und auch nicht mit dem Gedanken des Selbstmords spielte, und dann von der ersten Antwort des Elifas. Die grundsätzliche Meinung des Elifas, die auch in seinen späteren Reden immer schärfer zum Ausdruck kam, lautete: Leiden ist unzweifelhaft eine Folge persönlicher Sünde. Hiob sollte Buße tun. (74 Verse)

(Von hier an geben wir keine Richtung für Überlegungen mehr vor. Überlegen Sie selbst, welche Wahrheit Gott Ihnen beim Lesen mitteilen wollte und wie Sie sie in Ihrem Leben anwenden können!)

....

....

....

11. Tag
Dein Wort prägte ich tief in mir ein,
weil ich nicht gegen dich sündigen will.

Hiob
☐ 6
☐ 7
☐ 8

Wir lesen, wie der verzweifelte Hiob sich bei seinen Freunden und bei Gott beklagte, dass er ihn quälte und ängstigte, und wie Bildad Hiob vorwarf, Gottes Gerechtigkeit anzuzweifeln. Gott wäre gerecht und könne nicht auf das Gebet eines Ungerechten antworten, darum solle Hiob zu ihm umkehren. (73 Verse)

....

....

....

12. Tag
Ich will dich erheben, Jahwe!
Deine Weisungen lehre mich!

Hiob
☐ 9
☐ 10
☐ 11

Hiob erwiderte Bildad, dass vor Gott kein Mensch gerecht sein kann, ja dass Gott Gerechte und Ungerechte gleichermaßen vernichten würde. Dann beklagte er sich bei Gott, dass er ihn als sein Geschöpf so grausam behandelte. Zophar reagierte sehr heftig und meinte, Hiob werde im Gegenteil weniger hart bestraft, als er es verdiente. Er solle zu Gott umkehren. (77 Verse)

....

....

....

13. Tag
Mit meinen Lippen verkündige ich
alle Weisungen aus deinem Mund.

Hiob

☐ 12
☐ 13
☐ 14
☐ 15

Hiob bewies seinen Freunden, dass er das gleiche Wissen besaß wie sie. Er nannte sie Lügendichter und Kurpfuscher, wollte sich dann aber selbst vor Gott rechtfertigen. Elifas kanzelte den trauernden Freund ab und hielt ihm vor, ein verhärteter Sünder zu sein. (110 Verse)

....

....

....

14. Tag
Es macht mir Freude zu tun, was du sagst,
mehr als aller Reichtum Freude macht.

Hiob

☐ 16
☐ 17
☐ 18
☐ 19

Hiob bot seinen Freunden an, einmal die Rollen zu tauschen, dann könnte er auch gut reden. Dann warf er Gott vor, sein Feind zu sein und ihn wie ein wildes Tier zu zerfleischen, sodass er nur noch auf das Grab hoffen könne. Bildad entgegnete, dass es einem Gottlosen eben schlecht erginge. Hiob beklagte sich darauf, dass seine Freunde ihn nur beschimpft hätten und bat sie um Erbarmen, weil die Hand Gottes ihn getroffen hatte. (88 Verse)

....

....

. . . .

15. Tag
Deinen Anordnungen sinne ich nach,
und ich achte auf deinen Weg.

Hiob
☐ 20
☐ 21
☐ 22

Zophar reagierte beleidigt und nannte Hiob indirekt einen Gottlosen, dessen Besitz deshalb geschwunden sei, weil er die Armen unterdrückt habe. Darauf entgegnete Hiob seinen lästigen Ratgebern, dass es genügend Beispiele gäbe, wo es den Gottlosen blendend gehe. Elifas ging in seiner nächsten Rede überhaupt nicht darauf ein, sondern nannte Hiob einen böswilligen Sünder, der Buße tun sollte. (93 Verse)

. . . .

. . . .

. . . .

. . . .

16. Tag
An deinen Ordnungen habe ich Lust,
und deine Worte vergesse ich nicht.

Hiob
☐ 23
☐ 24
☐ 25
☐ 26

Wir lesen von der Sehnsucht Hiobs, sich mit Gott auseinanderzusetzen und von seiner Verwirrung über die Nachsicht Gottes mit Gottlosen, von der Antwort Bildads, dem doch allmählich die Argumente ausgehen und der letzten Abrechnung Hiobs mit ihm. (62 Verse)

. . . .

. . . .

. . . .

17. Tag
Tu Gutes an mir, dein Sklave bin ich,
dann lebe ich auf und halte dein Wort.

Hiob
❏ 27
❏ 28
❏ 29
❏ 30

Wir lesen Hiobs Schlussrede mit seiner Selbstrecht-fertigung. Er stützte sich dabei zuversichtlich auf seine Reinheit und Unschuld. (107 Verse)

....

....

....

18. Tag
Öffne du mir die Augen,
damit ich erkenne die Wunder in deinem Gesetz.

Hiob
❏ 31
❏ 32
❏ 33

Wir lesen, wie Hiob noch einmal deutlich seine Unschuld beteuerte und sogar Gott bat, ihn zu wider-legen. Weiterhin lesen wir von Elihu, einem vierten bisher noch nicht erwähnten Freund Hiobs, der ein echter Vermittler zu Gott wurde. Er verdächtigte Hiob nicht heimlicher Sünde, tadelte aber seine offensichtliche Selbstgerechtigkeit. (95 Verse)

....

....

....

19. Tag
Ich bin nur ein Gast, ein Fremder im Land:
Verbirg mir deine Gebote nicht!

Wir lesen von den drei weiteren Reden Elihus: Hiob hat vermes-sen über Gott geredet (34); Gott kommt es sehr wohl darauf an, was ein Mensch tut (35); Gott hat eine

26

Hiob
❏ 34
❏ 35
❏ 36
❏ 37

Absicht, wenn er den Menschen leiden lässt (36). Das sollte Hiob erkennen und Gottes Macht anerkennen (37). (110 Verse)

....

....

....

....

20. Tag
Meine Seele ist zermürbt vor Verlangen danach,
sie verlangt allezeit nach deinem Gesetz.

Psalm
❏ 88
Hiob
❏ 38
❏ 39

Wir lesen in dem Psalm von ganz ähnlichen Klagen, wie sie Hiob Gott gegenüber ausgesprochen hat. – Dann lesen wir den ersten Teil der Antwort Gottes an Hiob. Gott antwortete aber nicht auf Hiobs viele Warum-Fragen. Er betonte einfach, dass er Gott ist. Das musste Hiob genügen. Die Schöpfung verkündigt Gottes Allmacht. (90 Verse)

....

....

....

21. Tag
Du hat die Stolzen bedroht.
Ja, verflucht sind sie, die abweichen von deinem Gebot.

Hiob
❏ 40
❏ 41
❏ 42

Wir lesen, wie Hiob seine Anklagen gegen Gott zurücknahm. Gott redete noch einmal mit Hiob, um ihn zum Verstummen zu bringen. Er warf ihm dabei keine Sünde vor, sondern sein vermessenes Reden ihm gegenüber. Hiob verwarf sein **27** eigenes Gerede, leistete Fürbitte für seine drei ersten Freunde und wurde voll rehabilitiert. (75 Verse)

....

....

....

22. Tag
Wälze Verachtung und Hohn von mir ab,
denn ich habe stets dein Zeugnis bewahrt.

1. Mose	
☐	25
☐	26
☐	27

Wir kehren zur Geschichte der Patriarchen Israels zurück und lesen von Abrahams Tod und davon, wie es mit seinen Söhnen Ismael und Isaak weitergeht. Isaak wurde in gleicher Weise wie sein Vater Abraham schuldig, er verleugnete seine Frau aus Furcht um sein Leben. Im hohen Alter wurde er unter Mithilfe seiner Frau von seinem jüngeren Sohn betrogen, sodass er den Betrüger segnete. (115 Verse)

....

....

....

23. Tag
Selbst wenn die Oberen sitzen und Rat gegen mich halten –
dein Knecht sitzt über deinem Gebot.

1. Mose	
☐	28
☐	29
☐	30

Wir lesen von Jakobs Flucht nach Haran und wie er dabei Gott begegnete, von seinen Eheschließungen und wie er dabei betrogen wurde, von der Entstehung seiner Familie und wie er sich ein Vermögen erwarb. (100 Verse)

....

. . . .

. . . .

24. Tag
An deinen Weisungen freue ich mich!
Sie geben immer guten Rat.

1. Mose	Wir lesen von der erneuten Flucht Jakobs, diesmal in
❏ 31	Richtung Heimat, von seinem Ringen mit Gott,
❏ 32	wobei er seinen neuen Namen, Israel, bekam und
❏ 33	von der Begegnung mit seinem Bruder. (107 Verse)

In Kapitel 31,42 steht ein Name für Gott, der nur noch einmal in V. 53 vorkommt und in seiner Übersetzung ungeklärt ist, weil das hebräische Wort sonst nirgends vorkommt. Er bedeutet vielleicht Schrecken, Verwandter oder Zuflucht Isaaks.

. . . .

. . . .

. . . .

25. Tag
Ich liege ohne Kraft, ich klebe am Staub;
belebe mich nach deinem Wort!

1. Mose	Wir lesen, wie Jakobs Söhne ihre entehrte Schwester
❏ 34	rächten, wie Jakob den Götzendienst in seiner Fami-
❏ 35	lie beendete und Gott wieder zu ihm redete, aber
❏ 36	auch davon, wie Jakob liebe Menschen durch den

Tod verlor. Dann wird uns die Liste mit den Nachkommen Esaus überliefert. (103 Verse)

. . . .

. . . .

26. Tag
Ich klagte mein Leid; du hörtest mich an.
Belehre mich durch dein Gesetz!

1. Mose	
❏	37
❏	38
❏	39
❏	40

Wir lesen, wie es mit Jakob weiterging. Mit diesem Kapitel beginnt auch die wunderschöne Geschichte von Joseph. Wir lesen von den Machenschaften der anderen Söhne Jakobs, einschließlich Judas, und von der Bewährung Josephs im Haus des Potiphar und im Gefängnis. (112 Verse)

27. Tag
Lass mir deine Vorschriften einsichtig sein;
über deine Wunder sinne ich nach.

1. Mose	
❏	41
❏	42
❏	43

Wir lesen, wie der 30-jährige Joseph durch den Pharao erhöht wurde, wie er begann, seine Brüder, die wegen der Hungersnot nach Ägypten kamen, zu erproben und wie Juda Bürge für Benjamin wurde. (129 Verse)

28. Tag
Vor lauter Kummer muss ich weinen:
Richte mich auf nach deinem Wort!

1. Mose	
❏	44
❏	45
❏	46
Psalm	
❏	128

Wir lesen, wie Juda sich als Bürge und Führer seiner Brüder bewährte, wie Joseph sich mit seinen Brüdern versöhnte und wie die ganze Familie nach Ägypten kam. – In dem kurzen Psalm, der beim Aufstieg zum Tempel gesungen wurde, lesen wir vom Segen der Kinder. (102 Verse)

. . . .

. . . .

. . . .

. . . .

29. Tag
Vom Weg der Lüge halte mich fern!
Deine Belehrung sei mir vergönnt.

1. Mose	
❏	47
❏	48
❏	49
❏	50

Wir lesen von Jakob, der von seinem Sohn Joseph versorgt wurde, von seinem Segen über seine Enkel und Söhne, seinem Tod und seinem Begräbnis in Hebron. (112 Verse) – Damit haben wir die beiden ältesten Bücher der Bibel gelesen und dabei nach biblischen Angaben eine Zeitspanne von 2255 Jahren überblickt.

. . . .

. . . .

. . . .

. . . .

Wir verlassen jetzt für einige Tage das Alte Testament und lesen, wie der Retter Israels und der ganzen Welt auf die Erde kam, wie er lebte, was er tat, wie er starb und auferstand.
30.-40. Tag: Lesen Sie weiter auf Seite 161!

41. Tag
Wende ab die Schande, vor der mir so graut!
Doch was du entscheidest, ist gut.

Das **zweite Buch Mose** wird auch »Exodus« genannt, d.h. »Aus-

Schlüsselwort:	Schlüsselvers:
Erlösung	2. Mose 3,8

zug«, denn es beinhaltet die Geschichte von der Befreiung des Volkes Israel aus der Sklaverei in Ägypten. Das Buch ist in zwei Hauptteile gegliedert: Kapitel 1-19: Auszug aus Ägypten; Kapitel 20-40: Gesetzgebung am Berg Sinai und Bau des Heiligtums. In diesem Buch wird der Verfasser, Mose, selbst zum Träger der Handlung. Man kann davon ausgehen, dass er dieses Buch während oder kurz nach dem Aufenthalt des Volkes am Sinai 1446 v.Chr. (Frühdatierung) niederschrieb.

2. Mose
☐ 1
☐ 2
☐ 3
☐ 4

Wir lesen von Moses jungen Jahren, von seiner Berufung durch Gott und seiner hartnäckigen Weigerung, diese Berufung zum Führer Israels anzunehmen. (100 Verse)

Auf der Rückreise von Midian nach Ägypten »wollte Jahwe ihn töten«, vielleicht durch eine schwere Krankheit. Mose hatte in Midian Gottes Gebote vernachlässigt und seinen Sohn nicht beschnitten.

. . . .

. . . .

. . . .

42. Tag
Nach deinen Vorschriften sehne ich mich.
Durch deine Treue belebe mich, Gott.

2. Mose	Wir lesen von der ersten Begegnung Moses mit dem
❏ 5	Pharao und den Folgen, von Gottes Antwort auf
❏ 6	Moses Gebet und von den ersten der insgesamt zehn
❏ 7	Plagen über Ägypten. (82 Verse)

In Kapitel 6,3 erscheint der Name Jahwe nicht das erste Mal, wie man bei oberflächlichem Lesen meinen könnte. Aber die volle Bedeutung dieses Namens hatte Gott bis dahin noch nicht bekannt gemacht. Erst jetzt sollten die Israeliten erleben, wie dieser ewige Gott seine Versprechen erfüllt und Israel aus der Gefangenschaft befreit.

. . . .

. . . .

. . . .

43. Tag
Jahwe, deine Gnade komme zu mir,
die Rettung, wie du sie versprachst,
damit ich dem Lästerer antworten kann.

2. Mose	Wir lesen von den Gottesgerichten über Ägypten.
❏ 8	Die Gerichte, die in drei Zyklen zu je drei Plagen
❏ 9	(und einer besonderen) eingeteilt sind, wenden sich
❏ 10	alle direkt gegen die Götter Ägyptens. Der Frosch

wurde z.B. als Symbol der Göttin *Heqet* angebetet. Die Heuschreckenplage wendet sich gegen *Osiris*, den Gott der Ernte, die Finsternis gegen *Re*, den Sonnengott usw. (92 Verse)

. . . .

. . . .

....

44. Tag
Ich nehme dich bei deinem Wort.
Entzieh meinem Mund die Wahrheit nicht ganz,
denn ich vertraue auf dein Gericht.

2. Mose	
❏	11
❏	12
❏	13

Wir lesen von der letzten Plage und der damit verbundenen Einsetzung des Passafestes, von dem sich anschließenden Fest der ungesäuerten Brote und dem Gebot, Gott künftig alles Erstgeborene zu weihen. Israel brach von Ramses auf und schlug sein Lager am Rand der Wüste auf. (83 Verse)

....

....

....

45. Tag
Beständig befolge ich dein Gesetz;
und das will ich allezeit tun!

2. Mose	
❏	14
❏	15
❏	16

Wir lesen von Israels wunderbarem Zug durch das Schilfmeer, vom Jubel über diese göttliche Errettung, aber auch von der folgenden lauten Unzufriedenheit wegen scheinbar ungenügender Versorgung und immer wiederkehrendem Murren. (94 Verse)

....

....

....

....

46. Tag
So lebe ich in einem weitem Raum,
denn ich habe deine Befehle erforscht.

2. Mose	
❏	17
❏	18
❏	19

Wir lesen von neuer Unzufriedenheit Israels über den Auszug aus Ägypten (sie hatten nicht genug Wasser), von seinem ersten Krieg, von seiner durch Jitro angeregten neuen Führungsstruktur und der Begegnung mit Gott am Berg Sinai. (68 Verse)

. . . .

. . . .

. . . .

47. Tag
Ich halte sie selbst den Königen vor
und schäme mich deiner Zeugnisse nicht.

2. Mose	
❏	20
❏	21
❏	22
❏	23

Wir beginnen mit dem **zweiten Teil** des Buches und lesen von der Anordnung der zehn Gebote und dem daraus folgenden Sozialgesetz, den Bestimmungen des Bundes, die Gott Mose auf dem Berg übergab. (126 Verse)

. . . .

. . . .

. . . .

48. Tag
An deinen Geboten habe ich Lust,
ich liebe sie sehr, und ich hebe die Hände zu ihnen auf.

2. Mose	
❏	24

Wir lesen von dem Bundesschluss am Sinai, der seiner äußeren Form nach wie ein altorientalischer Vasallenvertrag abgefasst ist, was auch **35**

2. Mose
☐ 25
☐ 26

die historische Zuverlässigkeit des Berichts bestätigt. Mose ließ einen Altar bauen und Opfer schlachten. Das Volk wurde mit Blut besprengt. Die 70 Ältesten aßen das Opfermahl in der Gegenwart Gottes. Mose ging zurück auf den Berg und blieb 40 Tage dort. Dort bekam er die Anordnungen für das Heiligtum. (95 Verse)

....

....

....

49. Tag
Deinen Ordnungen sinne ich nach.

2. Mose
☐ 27
☐ 28
Psalm
☐ 11

Wir lesen vom Brandopferaltar und dem Vorhof und von den Anweisungen für die Priesterschaft. – Wir lesen dazu das Lied vom standhaften Vertrauen des Gerechten auf seinen Gott. (71 Verse)

....

....

....

50. Tag
Denk an das, was du mir versprachst
und was meine Hoffnung war!

2. Mose
☐ 29
☐ 30

36

Wir lesen, wie Aaron und seine Söhne als Priester geweiht werden sollen, von der Weihe des Altars und dem täglichen Opfer, von der Herstellung des Räucheraltars, von der Finanzierung des Heiligtums, von dem Wasserbecken und von der Zubereitung des heiligen Salböls und Räucherwerks. – Dazu lesen wir in

Psalm	dem Psalm, welcher Mensch sich überhaupt in der
☐ 15	Gegenwart Gottes aufhalten darf. (89 Verse)

....

....

....

....

51. Tag
In all meinem Elend ist das mir der Trost,
dass dein Wort mich wieder belebt.

2. Mose	Wir lesen, wie Gott die Kunsthandwerker bestimm-
☐ 31	te, die den Bau der Stiftshütte leiten sollen, wie er
☐ 32	Mose noch einmal das Sabbatgebot einschärfte und
☐ 33	ihm schließlich die Tafeln mit den 10 Geboten über-
☐ 34	gab. – Wir lesen dann, wie das Volk den Bund brach

und Mose von den Leviten alle Götzendiener
erschlagen ließ. – Wir lesen von der intensiven Fürbitte Moses,
wodurch es zur Wiederherstellung dieses Bundes kam. Mose
durfte mit zwei leeren Steintafeln wieder auf den Berg steigen
und blieb noch einmal 40 Tage dort. Gott erneuerte seinen Bund
mit Israel. Als Mose mit den Tafeln wieder herabstieg, leuchtete
seine Gesichtshaut. (111 Verse)

....

....

....

....

....

52. Tag
Gehässig griffen die Stolzen mich an,
doch ich wich nicht ab von deinem Gesetz.

2. Mose	Wir lesen von der Freigebigkeit des Volkes und den
❏ 35	Vorbereitungen zum Bau des Heiligtums und wie die
❏ 36	Einzelteile hergestellt wurden. – Wir lesen von den
Psalm	Erfahrungen dessen, der dem Herrn vertraut. (86
❏ 84	Verse)

....

....

....

53. Tag
Denke ich an dein ewiges Recht,
Jahwe, dann bin ich getrost.

2. Mose	Wir lesen von der Anfertigung der Gegenstände für
❏ 37	das Heiligtum und der Berechnung ihres Gesamt-
❏ 38	wertes. – Wir lesen, welche Rolle das Heiligtum in
Psalm	den Gebeten Israels später spielte. (70 Verse)
❏ 20	

....

....

....

54. Tag
Bei all den Gottlosen packt mich der Zorn,
frech verlassen sie dein Gesetz.

Wir lesen, wie die Kleidung der Priester angefertigt und
38 das Heiligtum aufgerichtet wurde.

2. Mose	Wir lesen von der Gegenwart Gottes im und über

2. Mose
❑ 39
❑ 40
4. Mose
❑ 9,
   15-23
Psalm
❑ 23

Wir lesen von der Gegenwart Gottes im und über dem Zelt, wie es im 4. Buch Mose berichtet wird, was aber in die gleiche Zeit fällt. – Wir lesen dann noch diesen wunderbaren Psalm von Jahwe, dem Herrn, der sein Volk wie ein guter Hirte führt. (96 Verse)

....

....

....

....

Wir verlassen jetzt für vier Tage das Alte Testament und lesen,
wie die Rettung, die Gott durch Jesus geschenkt hat,
zu allen Menschen kam.
55.-58. Tag: Lesen Sie weiter auf Seite 166!

59. Tag
Meine Wege lenke ich um
und kehre zu deiner Weisung zurück.

D as **dritte Buch Mose** heißt auch *Leviticus*, weil in ihm die Pries-

Schlüsselwort:	Schlüsselvers:
Heiligung	3Mo 19,2

tergesetze aufgeschrieben sind und die Priester aus dem Stamm Levi kamen. Die Botschaft, die in den vorgeschriebenen Opfern und Festen liegt, lautet: »Bring dein Leben mit Gott in Ordnung und bleib in seiner Gegenwart!« Die Opfer waren dabei keine Leistung, die der Israelit bringen musste, sondern eine Heilsgabe Gottes an Israel, um für entstandene Schuld Sühne zu schaffen. Das Buch handelt von Heiligkeit und Heiligung. Dieser Grundgedanke spiegelt sich mehrfach in den Worten: »Seid heilig, denn ich bin heilig!« (11,45; 19,2; 20,7.26)

Das Buch lässt sich in zwei Hauptteile gliedern: Gemeinschaft mit Gott durch rechtes Opfern (Kapitel 1-17). Gemeinschaft mit Gott durch rechtes Leben (Kapitel 18-27).

3. Mose	Wir lesen von den Opferanweisungen, die für das Volk bestimmt waren, vom Brandopfer, vom Speisopfer und vom Freudenopfer. Mose verkündigte sie ihnen vom Heiligtum aus. – Wir lesen auch noch dieses Lied von der Umkehr eines Menschen zu Gott. (61 Verse)
❏ 1	
❏ 2	
❏ 3	
Psalm	
❏ 6	

....

....

....

....

60. Tag
Ich eile und zögere nicht,
deinem Auftrag gehorsam zu sein.

3. Mose	Kapitel 4 und 5 handeln noch von den Opferanweisungen für das Volk. Wir lesen von dem Opfer, das für Sünden gebracht werden musste, deren man sich zunächst nicht bewusst war, und vom Schuldopfer. – Wir lesen auch von der Bitte Davids um Vergebung und um Zuwendung Gottes. (83 Verse)
❏ 4	
❏ 5	
Psalm	
❏ 25	

....

....

....

....

61. Tag
Umwindet mich auch der Gottlosen Strick,
dein Gesetz vergesse ich nicht.

3. Mose	Wir lesen jetzt von den Opferanweisungen, die für
☐ 6	die Priester bestimmt waren. – Dazu lesen wir den
☐ 7	Psalm vom Jubel derer, die auf den Namen Jahwes
Psalm	vertrauen. (83 Verse)
☐ 33	

....

....

....

62. Tag
Selbst mitternachts stehe ich auf
und danke für dein gerechtes Gesetz.

3. Mose	**Das Priestergesetz.** Wir lesen, wie Aaron und seine
☐ 8	Söhne in das Priesteramt eingesetzt und in ihren
☐ 9	Dienst eingeführt wurden, wie die beiden ältesten
☐ 10	Söhne Aarons plötzlich von Gott gerichtet wurden
	und welche Folgen das hatte. (80 Verse)

Die Verfehlung von Nadab und Abihu hatte wahrscheinlich
ihren Grund darin, dass sie die glühenden Kohlen für das Räu-
cherwerk nicht vom ehernen Altar nahmen, wie es vorgeschrie-
ben war (Kapitel 16,12) und deshalb »fremdes Feuer« brachten.
Vielleicht opferten sie auch zur falschen Zeit (2Mo 30,7-8).
Möglicherweise waren sie betrunken dabei, denn gleich anschließend wird Alkohol im Dienst verboten.

....

....

....

63. Tag
Den Gottesfürchtigen bin ich ein Freund,
allen, die deinen Befehlen vertrauen.

3. Mose	
☐	11
☐	12
☐	13

Das Reinheitsgesetz. Wir lesen von den göttlichen Anordnungen über die Unreinheit bei Speisen, bei Wöchnerinnen und bei Hautkrankheiten (Aussatz). Der Sinn der Speisegesetze bestand weniger in einer Gesundheitsfürsorge, als vielmehr darin, Israel von den Völkern abzusondern, um deutlich zu machen: Dies ist Gottes heiliges Volk, es hat keine Gemeinschaft mit anderen Völkern. (114 Verse)

. . . .

. . . .

. . . .

64. Tag
Jahwe, deine Güte erfüllt alle Welt.
Lehre mich, deinen Willen zu tun!

3. Mose	
☐	14
☐	15
Psalm	
☐	130

Wir lesen von den Reinigungsvorschriften für Aussatz bei Menschen und für Aussatz an Häusern. Bei Letzterem handelte es sich wahrscheinlich um den Hausschwamm. Außerdem lesen wir, was bei persönlicher Unreinheit zu tun war. – Der Psalm, den wir noch dazu lesen, singt von dem hoffenden Warten auf die Hilfe Jahwes. (98 Verse)

. . . .

. . . .

. . . .

. . . .

65. Tag
Du hast deinem Knecht viel Gutes getan,
wie du es versprachst, Jahwe.

3. Mose
☐ 16
☐ 17
☐ 18

Wir lesen vom Gesetz für den großen Versöhnungs-
tag, das noch zu den Reinheitsgesetzen gehört.
    Mit Kapitel 17 beginnt der praktische Teil des
Buches. Hier zeigte Gott den Israeliten, wie sie
annehmbar vor ihm leben konnten. Es wurde ihnen
zunächst gesagt, wie sie mit Blut umzugehen hatten und wie sie
sich auf sexuellem Gebiet verhalten sollten. (80 Verse)

. . . .

. . . .

. . . .

66. Tag
Nun lehre mich das Gute verstehen,
denn ich glaube deinem Gebot.

3. Mose
☐ 19
☐ 20
Psalm
☐ 36

Wir lesen, wie die Heiligkeit Gottes das Fundament
für alle Aspekte des menschlichen Lebens bildet und
von daher auch das Strafmaß für entsprechende Vergehen festlegt. Kapitel 19 wendet sich an Menschen,
die vor einer Sünde stehen, Kapitel 20 setzt die Strafe nach begangener Sünde fest. – Auch in dem Psalm
lesen wir von Sünde und der Gerechtigkeit Gottes. (77 Verse)

. . . .

. . . .

. . . .

. . . .   **43**

67. Tag
Ich irrte, bevor ich gedemütigt war,
jetzt aber tue ich, was du befiehlst.

3. Mose	Für Priester gibt es einige Sonderregeln. Wir lesen
❏ 21	von den Vorschriften für sie und für die Heiligkeit der
❏ 22	Opfer, denn Israel hat einen heiligen Gott. – In dem
Psalm	Psalm lesen wir von Gott, der als König und Herr
❏ 47	aller Völker zu loben ist. (67 Verse)

. . . .

. . . .

. . . .

68. Tag
Gütig bist du und tust Gutes an mir,
deine Ordnungen lehre mich, Herr!

Psalm	Wir lesen zuerst das Psalmlied für den Tag des Sab-
❏ 92	bats. – Dann lesen wir von den Vorschriften über die
3. Mose	Feste Jahwes, die mit dem Sabbat beginnen, von den
❏ 23	Pflichten der Priester und von einem Fall von Gottes-
❏ 24	lästerung. (83 Verse)

. . . .

. . . .

. . . .

69. Tag
Man hat mich besudelt, mit Lügen behängt,
doch ich halte dein Gebot fest.

Wir lesen vom Sabbat- und dem Jobeljahr. Am Beginn
44 jedes 50. Jahres wurde das Jobel, das Widderhorn,

3. Mose	geblasen, deshalb »Jobeljahr«. Das deutsche Wort
❏ 25	»Jubel« ist davon abgeleitet. – Wir lesen den Psalm
Psalm	vom Lob Gottes im Rückblick auf die Geschichte
❏ 105	Israels. (100 Verse)

. . . .

. . . .

. . . .

70. Tag
Das Herz der Stolzen ist träge und fett,
doch ich erfreue mich an deinem Gesetz.

Psalm	Wir lesen zuerst den Psalm von Gottes Forderung
❏ 50	nach Heiligkeit. Dann lesen wir vom Segen des
3. Mose	Gehorsams, dem Fluch bei Ungehorsam und von den
❏ 26	Gesetzen über Gelübde und den Zehnten. (103 Verse)
❏ 27	

. . . .

. . . .

. . . .

Wir verlassen jetzt für zwei Tage das Alte Testament und lesen,
wie die praktische Heiligkeit im Neuen Testament aussieht, wie
Glaube nicht ohne Werke funktioniert.
71.-72. Tag: Lesen Sie weiter auf Seite 168!

D as **vierte Buch Mose** wird auch *Numeri*, d.h. »Zählun-
gen« genannt. Es bekam seinen Namen, weil es von
zwei Volkszählungen Israels berichtet und eine Menge
Statistiken und Listen enthält. Man hätte es aber auch
»das Murren des Volkes« nennen können, denn es ist die **45**

traurie Geschichte von Klagen, Unzufriedenheit und

Schlüsselwort:	Schlüsselvers:
In der Wüste	14,22-23

göttlichem Gericht. Das
Buch umfasst die 38 Jahre der Geschichte Israels, in denen das
Volk in der Wüste Sinai umherzog. Die ganze Schilderung der
Wüstenwanderung geht offensichtlich auf einen Augenzeugen
zurück. Wer anders als Mose könnte dafür in Betracht kom-
men?

Die Kapitel 1-19 beschreiben die Erfahrungen der ersten
Generation Israels in der Wüste, die Kapitel 20-36 die der zweiten Generation in den Ebenen Moabs.

73. Tag
Du hast mich mit deinen Händen gemacht;
hilf mir zu verstehen, was du willst!

4. Mose
❑ 9,1-14
❑ 1
❑ 2

Wir lesen zunächst von der ersten Passafeier am
Sinai und dann von der ersten Zählung des Volkes
und der Lagerordnung. (102 Verse)

Die Zahl von mehr als 600.000 wehrfähigen
Israeliten, woraus sich eine Gesamtzahl von etwa
2,5 Millionen für das ganze Volk ergibt, stellt ein Problem dar.
Wie konnten so ungeheuer viele Menschen durch die Wüste
gebracht werden? Einige Ausleger nehmen an, dass der hebräische Ausdruck für 1000 auch eine Gruppe von Menschen meinen kann, eine Einheit. Demzufolge wären 600 Einheiten wehr-
fähiger Israeliten durch die Wüste gezogen. Eine Abschätzung
der Einheitengröße ergäbe dann eine Zahl von etwa 42.000
Menschen am Ende der Wüstenwanderung. Diese Theorie
konnte bis jetzt aber nicht an allen biblischen Vorkommen von
»1000« erhärtet werden. Andererseits gilt in jedem Fall: Gott
hat sein Volk auf wunderbare Weise versorgt und durchge-
bracht.

....

....

74. Tag
Die Deinen sehen mich und freuen sich,
denn ich verlasse mich auf dein Wort.

4. Mose
☐ 3
☐ 4
Psalm
☐ 37

Wir lesen von der Zählung der Leviten und ihren Aufgaben beim Transport des Heiligtums. – Wir lassen uns in dem Psalm aufrufen, Jahwe zu vertrauen und Gutes zu tun. (140 Verse)

....

....

....

75. Tag
Ich erkannte, Jahwe:
Deine Beschlüsse sind recht.

4. Mose
☐ 5
☐ 6
Psalm
☐ 38

Wir lesen von Reinigung und Weihe. Es sind die Gesetze über Unreinheit, über Wiedergutmachung, über das Verhalten bei Verdacht von Ehebruch und das Gesetz für Nasiräer, also für Menschen, die sich besonders Gott weihten. – Wir lesen in dem Psalm von der Last und den Folgen der Sünde und dass nur bei Jahwe Vergebung zu finden ist. (81 Verse)

....

....

....

.... 47

76. Tag
Zu Recht hast du auch mich niedergebeugt.
Nun gebe deine Güte mir Trost!

4. Mose	Wir lesen von der Einweihung des Heiligtums: den
☐ 7	Weihgaben der Stammesfürsten, dem Leuchter und
☐ 8	von der Reinigung der Leviten. – Wir lesen in dem
Psalm	Psalm von der Sehnsucht, ja vom Durst eines Men-
☐ 42	schen nach Gott. (127 Verse)

....

....

....

....

77. Tag
Du hast mir zugesagt, dass dein Erbarmen mein Leben erhält,
denn dein Gesetz ist meine Lust.

4. Mose	Wir lesen von Gottes Führung und dem Aufbruch
☐ 10	des Volkes vom Berg Sinai, doch auch vom Murren
☐ 11	und der darauffolgenden Bestrafung des Volkes. –
Psalm	Wir lesen dazu den Psalm vom Seufzen des Gerech-
☐ 12	ten über Gottlosigkeit und Gemeinheit. (80 Verse)

....

....

....

....

78. Tag
Bring doch die schamlosen Lügner zu Fall!
Sie haben mir böse Unrecht getan.
Ich aber denke über deine Vorschriften nach.

4. Mose	
❏	12
❏	13
❏	14
Psalm	
❏	13

Wir lesen von der Auflehnung der Geschwister Mirjam und Aaron gegen ihren Bruder Mose, von den Kundschaftern, die nach Kanaan geschickt wurden, und dem nachfolgenden Aufruhr. – Die Gegend von Hebron ist bekannt für ihre Trauben, die bis zu 10 kg wiegen können. Sie werden oft an einer Stange getragen, damit die reifen Früchte nicht vorzeitig zerquetscht werden. – In dem Psalm lesen wir, wie man seine Sorgen zu Jahwe bringt. (100 Verse)

. . . .

. . . .

. . . .

79. Tag
Lass die zu mir kommen, die Furcht vor dir haben,
denn denen ist deine Weisung bekannt.

4. Mose	
❏	15
❏	16
❏	17

Wir lesen von der Wiederholung einiger Bundesbestimmungen und einem Fall von Sabbatschändung. Dann lesen wir vom Aufruhr Korachs und seiner Anhänger gegen Mose und Aaron. Korach wollte eine eigene Priesterordnung gründen. (104 Verse)

. . . .

. . . .

. . . . **49**

80. Tag
Mein Herz weiche nie von deinem Gebot,
nie komme diese Scham über mich!

4. Mose	Wir lesen von der Aufgabe und Verantwortung der
❏ 18	Priester und Leviten und dem Gesetz der Reinigung
❏ 19	in Zusammenhang mit dem Opfer einer roten Kuh. –
Psalm	Wir lesen in diesem Psalm von der Sehnsucht nach
❏ 27	der Nähe Jahwes. (68 Verse)

. . . .

. . . .

. . . .

. . . .

81. Tag
Meine Seele verzehrt sich nach deinem Heil.

4. Mose	Die Erfahrungen der zweiten Generation. 37 Jahre
❏ 20	nach dem Aufbruch von Kadesch-Barnea befand sich
❏ 21	Israel zum zweiten Mal an der Grenze des ver-
Psalm	heißenen Landes. Wir lesen von Moses Ungehorsam
❏ 39	und dem Tod seiner beiden Geschwister, von der
	ehernen Schlange und den ersten Siegen über die

Kanaaniter. – Wir lesen den Psalm von der Vergänglichkeit des
Menschen. (78 Verse)

. . . .

. . . .

. . . .

. . . .

82. Tag
Meine Hoffnung setze ich auf dein Wort.

4. Mose	
☐	22
☐	23
☐	24
Psalm	
☐	131

Wir lesen von dem Wahrsager Bileam, der Israel aus Geldgier (vgl. 2. Petrus 2,15) verfluchen wollte und es doch – von Gott gezwungen – segnen musste. – Wir lesen in dem Psalm, wie es um unser Herz bestellt sein sollte. (99 Verse)

....

....

....

....

83. Tag
Meine Augen schmachten nach dir:
Wann wirst du mich trösten, ja wann?

4. Mose	
☐	25
☐	26
☐	27

Wir lesen von Hurerei und dem Götzendienst Israels, was durch den Rat Bileams verursacht worden war (vgl. Kapitel 31,15f), und seinen verheerenden Folgen für das Volk. Der Rat Bileams kostete 24.000 Israeliten das Leben. Bei der in 1. Korinther 10,8 genannten Zahl von 23.000 getöteten Israeliten wurden die 1000 Führer des Volkes, die kurz zuvor gehängt worden waren, nicht mit eingerechnet. Dann lesen wir von der zweiten Volkszählung, von einer Frage des Erbrechts und der Bestimmung des Nachfolgers für Mose. (106 Verse)

....

....

....

....

84. Tag
Denn wie ein alter Schlauch hänge ich im Rauch.
Doch deine Ordnungen vergesse ich nie.

4. Mose	Wir lesen von den Opfern für die Feste Jahwes. – Wir
❑ 28	lesen den Psalm vom Glück derer, die in den Vorhöfen
❑ 29	Jahwes sein dürfen. (84 Verse)
Psalm	
❑ 65	. . . .

. . . .

. . . .

. . . .

85. Tag
Wie viele Tage hat dein Sklave noch?
Wann hältst du über meine Verfolger Gericht?

4. Mose	Wir lesen von den Gesetzen über Gelübde und dem
❑ 30	Vergeltungskrieg gegen Midian. – In dem Psalm
❑ 31	lesen wir von Gottes Gericht über die Gottlosen. (84
Psalm	Verse)
❑ 58	. . . .

. . . .

. . . .

. . . .

86. Tag
Die Stolzen haben mir Gruben gegraben;
und vermessen missachten sie dein Gesetz.

Wir lesen von der Verteilung des Ostjordanlandes und den
Orten, die Israel während der ganzen Wüstenwande-
52 rung durchzogen hatte. – Wir lesen vom Lob Gottes

4. Mose
❏ 32
❏ 33, 1-49
Psalm
❏ 66

über seine mächtigen Taten in der Geschichte Israels. (111 Verse)

....

....

....

....

87. Tag
Doch was du befiehlst, darauf ist Verlass.
Hilf mir, denn sie jagen mich ohne Grund!

4. Mose
❏ 33, 50-56
❏ 34
❏ 35
❏ 36
Psalm
❏ 81

Wir lesen von den letzten Anweisungen für die Verteilung des Landes Kanaan, den Ordnungen für die Leviten- und Asylstädte und den Regelungen für die Erbfolge bei Töchtern. – In dem Psalm lesen wir von Israels Erfahrungen mit Gott und seinen Segnungen. (100 Verse)

....

....

....

....

Wir verlassen jetzt für drei Tage das Alte Testament und lesen von der ersten Missionsreise und davon, wie es zum Brief des Paulus an die Galater kam.
88.-90. Tag: Lesen Sie weiter auf Seite 170!

53

91. Tag
Dein Wort steht fest für alle Zeit,
so fest wie der Himmel, Jahwe.

D as **fünfte Buch Mose** wird auch *Deutero-nomium*, zweites

Schlüsselwort:	Schlüsselvers:
Gehorsam	6,4-7

Gesetz, genannt, weil in ihm aufgeschrieben ist, wie Mose am Ende seines Lebens dem Volk das ganze Gesetz noch einmal vor Augen stellte und in drei großen Reden und einer Zusammenfassung erklärte. Inzwischen war eine neue Generation herangewachsen, die im Begriff stand, das Land Kanaan zu erobern. Aus diesem Grund musste ihnen das Gesetz, das die Väter 38 Jahre vorher angenommen hatten, neu erklärt werden, damit sie sich verbindlich dazu stellten. Für das junge Israel hing alles von seiner Treue zum Gesetz ab, auch der Besitz des verheißenen Landes. Mose schrieb diese Reden kurz vor seinem Tod im Jahr 1406 v.Chr. nieder. Das letzte Kapitel wurde wahrscheinlich von Josua hinzugefügt. Das Buch folgt in seinem Aufbau offenbar einem altorientalischen Vasallenvertrag mit Präambel (1,1-5), historischer Einleitung (1,6-4,49), allgemeinem Gebot und speziellen Geboten (5-26), Segen und Fluch (27-30), sowie Zeugen und Nachfolgebestimmungen (31-34).

5. Mose	Wir lesen vom geschichtlichen Rückblick des Mose
❏ 1	auf die Reise Israels vom Sinai bis nach Kadesch, von
❏ 2	der Strafe Gottes wegen ihres Zweifelns an seiner
Psalm	Macht bis zum Sieg über den König Sihon. – Wir
❏ 106	lesen dazu das Lob Gottes im Rückblick auf Israels
	Geschichte. (131 Verse)

....

....

....

92. Tag
Deine Treue gilt jedem Geschlecht.
Du hast die Erde gegründet. Sie steht.

5. Mose	Wir lesen den zweiten Teil der historischen Einlei-
❑ 3	tung von der Eroberung des Transjordanlandes und
❑ 4	der Ermahnung des Volkes zum Gehorsam. – Wir
Psalm	lesen den Psalm vom Sieg Jahwes über seine Feinde.
❑ 68	(114 Verse)

....

....

....

93. Tag
Nach deinem Willen besteht sie bis jetzt,
und dienen muss dir das All.

5. Mose	Wir lesen von der Wiederholung der zehn Gebote,
❑ 5	der Auslegung des Gebotes, Jahwe zu lieben und dem
❑ 6	Befehl, die Kanaaniter mit ihrem Götzendienst aus-
❑ 7	zurotten. (84 Verse)

....

....

....

94. Tag
Wäre nicht dein Gesetz meine Lust,
ich wäre im Elend zerstört.

5. Mose	Wir lesen von den Warnungen vor einem Geist der
❑ 8	Selbstgerechtigkeit, von Gottes Forderungen an
❑ 9	Israel und dass er in großer Gnade den von
❑ 10	Israel gebrochenen Bund erneuerte.

| Psalm 10 | Dazu lesen wir den Hilferuf eines Unterdrückten. (89 Verse) |

....

....

....

95. Tag
Deine Regeln vergesse ich nie,
denn du gabst mir Leben durch sie.

| 5. Mose 11, 12 / Psalm 9 | Wir lesen vom Segen des Gehorsams und dem Fluch des Ungehorsams. Ab Kapitel 12 beginnen die Gebote für das Leben im Land. – Dazu lesen wir das Triumphlied Davids, dem Gott die Rettung geschenkt hat. (84 Verse) |

....

....

....

....

96. Tag
Ich bin dein, Herr, rette mich doch!
Ich habe deine Befehle erforscht.

| 5. Mose 13, 14 / Psalm 64 | Wir lesen vom Erkennen falscher Propheten und ihrer Bestrafung, von der Absonderung Israels, die sich im Verbot bestimmter Trauerriten und Speisen ausdrückte. – Weil ein Hase nachts bestimmte Ausscheidungen neben seinem Kot (*Caecotrophe*) wieder frisst, wird er hier als Wiederkäuer bezeichnet. Einen |

jungen Bock in der Milch der Mutter zu kochen, war ein heidnischer Ritus, denn die Milch wurde anschließend auf die Erde gegossen, um ihre Fruchtbarkeit zu garantieren. –

Lesen wir noch den Psalm mit der Bitte um Bewahrung vor dem Bösen. (59 Verse)

....

....

....

....

97. Tag
Es lauern mir Verbrecher auf,
doch ich gebe auf deine Weisungen acht.

5. Mose	Wir lesen von dem Erlass- oder Sabbatjahr und den
❏ 15	wichtigsten Festen. – In dem Psalm lesen wir vom
❏ 16	Durst der Heiligen nach Gott. (57 Verse)
Psalm	
❏ 63	....

....

....

98. Tag
Ich weiß: Auch das Vollkommene hat eine Grenze.
Doch dein Gebot ist völlig unbeschränkt.

5. Mose	Wir lesen von den Werkzeugen der Theokratie in
❏ 17	Israel: den Richtern, dem König, den Priestern und
❏ 18	Leviten und den Propheten. Wir lesen von den Frei-
❏ 19	städten und dem Strafgesetz. – Wir lesen den Psalm
Psalm	von der Vergänglichkeit und dem Betrug des Reich-
❏ 49	tums. (84 Verse)

....

....

....

....

99. Tag
Wie sehr liebe ich dein Gesetz!
Es füllt mein Denken den ganzen Tag.

5. Mose	
☐	20
☐	21
☐	22
Psalm	
☐	53

Wir lesen von den Regeln für den heiligen Krieg und von verschiedenen anderen Gesetzen, die in die Verantwortung der Führer Israels fallen. Dann lesen wir, wie Gebote, die den Nächsten betreffen, ausgelegt werden. – Wir lesen dazu, wie Gott Schrecken über die Toren kommen lässt, die behaupten, es gäbe keinen Gott. (79 Verse)

....

....

....

....

100. Tag
Mehr als meine Feinde macht es mich klug,
denn dein Gesetz ist für immer bei mir.

5. Mose	
☐	23
☐	24
Psalm	
☐	17

Wir lesen, wie Gebote, die die Heiligkeit Israels betreffen, ausgelegt werden, und von verschiedenen Schutzbestimmungen. – Die Ordnung bei Ehescheidung ist kein Gebot, wie die Pharisäer später behaupteten (Matthäus 19,7), sondern ein Zugeständnis. – Das Ausziehen des Schuhs ging wohl auf den Brauch zurück, auf dem ererbten Land bei der Inbesitznahme umherzugehen. – Der Psalm ist ein Hilferuf Davids, der von herzlosen Feinden und Verbrechern verfolgt wurde. (63 Verse)

....

....

....

....

101. Tag
Mehr als alle meine Lehrer begreife ich,
weil ich erwäge, was dein Gebot mir sagt.

5. Mose	Wir lesen von verschiedenen Schutzbestimmungen
❑ 25	und von der Zeremonie für die Darbringung der
❑ 26	ersten Früchte und des Zehnten. Außerdem lesen wir
❑ 27	von der Gesetzeserfüllung als Bedingung für das

Bleiben im Land. Es geht um die Bundeserneuerung.

(64 Verse)

....

....

....

....

102. Tag
Mehr als die Alten kann ich verstehen,
denn ich achte stets auf dein Gebot.

5. Mose	Wir lesen von Segen und Fluch. – In dem Psalm lesen
❑ 28	wir vom scheinbaren Glück der Gottlosen. (97 Verse)
Psalm	
❑ 73	....

....

103. Tag
Von jedem Unrecht hielt ich mich fern,
um das zu tun, was du befohlen hast.

5. Mose
❏ 29
❏ 30
❏ 31,
    1-8
Psalm
❏ 43

Wir lesen, wie Israel zur Bundestreue ermahnt wurde und immer die Wahl zwischen Leben und Tod hatte und wie Josua zum Nachfolger Moses eingesetzt wurde. – Dazu lesen wir das kleine Lied vom Vertrauen auf Jahwe. (62 Verse)

104. Tag
Von deiner Verordnung wich ich nicht ab,
denn du, du hattest mich belehrt.

5. Mose
❏ 31,
    9-30
❏ 32
Psalm
❏ 67

Wir lesen, wie das Gesetz dem Volk eingeschärft werden sollte, nämlich durch regelmäßige Lesungen und durch das Lied des Mose, das Israel lernen sollte, um zu begreifen, wie Gott an ihnen handelte und warum er das tat. – Der Psalm enthält eine Bitte um den Segen Gottes und den Dank dafür. (82 Verse)

105. Tag
Wie köstlich sind deine Worte im Mund,
wie Honig bekommen sie mir.

5. Mose
❏ 33
❏ 34
Psalm
❏ 90

Wir lesen, wie Mose die 12 Stämme einzeln segnete und wie er starb. – Wir lesen dazu noch dieses Gebet von Mose, dem Mann Gottes. (58 Verse)

....

....

....

....

Wir lesen morgen weiter in dem Evangelium, das am stärksten von allen an das Alte Testament anknüpft und von Matthäus verfasst wurde.

106.-114. Tag: Lesen Sie weiter auf Seite 172!

115. Tag
Geteilte Herzen sind mir ein Gräuel,
aber dein Gesetz habe ich lieb.

Das Buch **Josua** ist das Kriegs- und Siegesbuch des Alten

Schlüsselwort:	Schlüsselvers:
Eroberung	11,23

Testaments. Es ist die Fortsetzung des 5. Buches Mose, auf das es häufig Bezug nimmt. Sein Generalthema ist die Eroberung des verheißenen Landes, was Israel allein der Treue Gottes zu verdanken hatte. Die Kapitel 1-12 umspannen die ersten 5-6 Jahre nach Moses Tod. Die beiden letzten Kapitel beschreiben Ereignisse, die etwa 20 Jahre später stattfanden. Dazwischen geht es um die Verteilung des Landes. Der Verfasser ist bis auf die letzten Verse wahrscheinlich Josua selbst, der um 1480 v.Chr. in Ägypten geboren wurde und um 1370 v.Chr. als Nachfolger Moses in Kanaan starb.

Josua	
☐	1
☐	2
☐	3
☐	4

Wir lesen von der Bevollmächtigung Josuas, der Erkundung Jerichos, der Überquerung des Hochwasser führenden Jordan und der Aufrichtung der Gedenksteine. (83 Verse)

26 Kilometer nördlich der Stelle, wo Israel durch den Jordan zog, staute sich der Fluss. Es ist möglich, dass Gott hierbei das Mittel eines Erdbebens benutzte, wie es auch viel später am 8. Dezember 1267 und am 11. Juli 1927 geschah, wo der Unterlauf des Jordan für 10 bzw. 21 Stunden trocken lag. Ein Wunder war es auf jeden Fall.

....

....

....

....

116. Tag
Du bist mein Schutz und mein Schild,
auf dein Versprechen verlasse ich mich.

Josua	
☐	5
☐	6
☐	7

Wir lesen von der Beschneidung der männlichen Israeliten in Gilgal, von der wunderbaren Eroberung Jerichos und von der Niederlage vor der kleinen Stadt Ai wegen Achans Diebstahl. (68 Verse)

....

....

....

117. Tag
Ihr Unheilstifter, macht euch fort!
Ich halte mich an meines Gottes Gebot.

Josua	Wir lesen von dem Sieg über Ai, dem verhängnisvol-
☐ 8	len Bündnis mit den Gibeonitern und dem daraus fol-
☐ 9	genden Krieg, der zur Eroberung des südlichen Teils
☐ 10	von Kanaan führte. (105 Verse)

Das Wunder des sogenannten »langen Tages« ist ein übernatürliches Geschehen, für das wir letztlich keine Erklärung haben. Vielleicht können wir es uns aber so vorstellen: Das israelitische Heer verfolgte nach dem nächtlichen Sieg bei Gibeon die Feinde bis zu der Höhe von Bet-Horon. Der Mond stand noch über dem Tal Ajalon und die Sonne wollte gerade hinter dem israelitischen Heer aufgehen. Da betete Josua offenbar um eine Verlängerung der Nacht. Gott beantwortete das Gebet mit einem Hagelsturm. Die Sonne stand still, wörtlich: »hörte auf« und »beeilte sich nicht aufzugehen« (so kann das Wort in Josua 10,13 auch übersetzt werden). Es blieb also den ganzen Tag lang dunkel, was die kanaanitischen Streitwagen wirkungslos machte und den Israeliten den Sieg gab.

. . . .

. . . .

. . . .

118. Tag
Sei du mein Halt, damit ich lebe!
In meiner Hoffnung beschäme mich nicht!

Josua	Wir lesen von der Eroberung des nördlichen Teils von
☐ 11	Kanaan. – Es wird ausdrücklich vermerkt, dass Israel
☐ 12	nur Hazor einäscherte. Auf diese Weise waren in
Psalm	ganz Kanaan nur noch Jericho und Ai zer-
☐ 91	stört worden. Alle anderen Städte blieben **63**

nach ihrer Eroberung und der Vollstreckung des göttlichen Gerichts an den Menschen bestehen. – Wir lesen den Psalm von dem, der im Schutz des Höchsten wohnt. (63 Verse)

. . . .

. . . .

. . . .

119. Tag
Bestätige mich, und ich bin befreit!
Ich schaue immer auf dein Gesetz.

Josua
❑ 13
❑ 14
Psalm
❑ 71

Wir lesen von der Anweisung an Josua, das noch nicht eroberte Land aufzuteilen, und der Bitte des alten Kaleb um sein Erbe. – Der Psalm ist ein Kampflied der Hoffnung Israels mit der Bitte, dass Gott auch im Alter noch hilft. (72 Verse)

. . . .

. . . .

. . . .

. . . .

120. Tag
Wer abweicht von deinem Gebot, den schickst du fort,
denn sein Tun und Trachten ist nur Betrug.

Wir lesen vom Erbteil Judas. – Jerusalem wurde erst in der Richterzeit erobert, aber nicht von den Judäern besetzt (Richter 1,8.21). Erst David ließ Jerusalem wieder erobern und machte es zu seiner Hauptstadt (2. Samuel 5,6-9). – Wir finden in dem Lehrgedicht Asafs noch einmal einen poetischen

Josua
❑ 15
Psalm
❑ 78

Rückblick auf Gottes Eingreifen in der Geschichte Israels. (135 Verse)

....

....

....

121. Tag
Deine Verächter entfernst du wie Müll,
darum habe ich deine Gebote so lieb.

Josua
❑ 16
❑ 17
❑ 18
❑ 19
Psalm
❑ 100

Wir lesen von den Erbteilen der Josefstämme und der anderen, die noch kein Land in Besitz genommen hatten, sondern weiter wie Nomaden lebten. Josua schickte 21 Boten los, für jeden der sieben Stämme drei, um das Land zu begutachten und einzuteilen, das dann schließlich durch Los nach dem Willen Gottes aufgeteilt wurde. – Auch wir sollten immer wieder in den Jubel einstimmen, von dem wir in dem Psalm lesen! (112 Verse)

....

....

....

122. Tag
Meine Haut erschaudert vor Furcht;
ich fürchte mich vor deinem Gericht.

Wir lesen von den sechs Zufluchtsstädten zum Schutz vor dem Bluträcher. Jeder Israelit lebte nicht weiter als eine Tagesreise von einer Zufluchtsstadt entfernt. Wir lesen dann von den 48 Städten, die den Leviten zugeteilt wurden. – In **65**

Josua	
❏	20
❏	21
Psalm	
❏	28

dem Psalm lesen wir von einem, der sich bei Jahwe vor den Gottlosen in Sicherheit brachte. (63 Verse)

....

....

....

....

123. Tag

Ich handelte nach Recht und lebte gerecht.
Gib mich meinen Feinden nicht preis!

Josua	
❏	22
❏	23
❏	24

Wir lesen von dem Problem mit den ostjordanischen Stämmen und wie es gelöst wurde. Dann lesen wir von Josuas letzter Ermahnung an alle Führer des Volkes und der Erneuerung des Bundes mit Gott und schließlich von Josuas Tod. (83 Verse)

....

....

....

....

Wir lesen morgen weiter, wie das Evangelium neue Gebiete
erobert, es sind die Herzen von Menschen,
die zum Glauben kommen.
124.-126. Tag: Lesen Sie weiter auf Seite 177!

127. Tag
Ich bin dein Sklave, gib mir Verstand,
dass ich deine Weisung verstehe!

Das Buch der **Richter** ist die Fortsetzung des Buches Josua,

Schlüsselwort:	Schlüsselvers:
Abfallen	21,25

dessen Tod hier noch einmal berichtet wird. Seinen Namen hat es von den Führern, die militärische und richterliche Funktionen in einzelnen Stämmen, manchmal auch für ganz Israel erfüllten. Wahrscheinlich überlappen sich die Zeiten einiger Unterdrückungs- und Richterperioden. Insgesamt können je sieben Perioden der Knechtschaft und Befreiung verfolgt werden. Geistlich gesehen kann die Zeit am besten durch die Worte in Richter 17,6 und 21,25 wiedergegeben werden: »Damals gab es noch keinen König in Israel. Jeder tat, was er für richtig hielt.« Das Buch wurde vermutlich am Anfang der Königszeit zwischen 1040 und 1020 v.Chr. möglicherweise von Samuel geschrieben.

Richter
- ❏ 1
- ❏ 2
- ❏ 3

Wir lesen vom Versagen der Stämme Israels, das verheißene Land einzunehmen, und von den ersten drei Richtern. (90 Verse)

. . . .

. . . .

. . . .

128. Tag
Es ist Zeit zum Handeln, Jahwe,
denn viele brechen dein Gesetz.

Wir lesen wie die Prophetin Debora zusammen mit dem Feldherrn Barak Israel befreite und wie sie Gott für den Sieg lobten. – Wir lesen auch den kurzen Psalm im Rückblick auf das Wunder der Befreiung Israels aus Ägypten. (63 Verse)

Richter	
❏ 4	....
❏ 5	
Psalm	....
❏ 114	
	....

129. Tag
Doch ich liebe dein Gebot,
mehr als das allerfeinste Gold.

Richter	Wir lesen von Gideons Berufung, von den Bestäti-
❏ 6	gungszeichen, die er sich von Gott für seinen Auftrag
❏ 7	erbat, von der Auswahl der richtigen Kämpfer und
❏ 8	von seinem großen Sieg. Wir lesen aber auch von

den Problemen, die er anschließend bekam, von weiteren Siegen und von seinem geistlichen Versagen, das ihm und
seiner Familie zum Verhängnis wurde. (100 Verse)

....

....

....

....

130. Tag
Alle deine Regeln sind für mich recht,
und ich hasse jeden krummen Weg.

Richter	Wir lesen, wie der Sohn Gideons, Abimelech, König
❏ 9	wurde und dann durch eine Frau umkam. Wir lesen
❏ 10	von zwei weiteren Richtern, von der Bedrückung
❏ 11	durch die Amalekiter und der Befreiung durch Jif-

tach. (115 Verse)

Ob Jiftach seine Tochter wirklich opferte, obwohl
das laut 5. Mose 12,31 verboten war, wird immer wieder

gefragt. Doch Gottes Wort lässt kaum eine andere Deutung zu. Es beschreibt Jiftach mit seinem leichtfertigen Gelübde (vergleiche Saul in 1. Samuel 14,24-45) auch nicht als Vorbild.

. . . .

. . . .

. . . .

131. Tag
Wunderwerke sind deine Zeugnisse,
darum halte ich an ihnen fest.

Richter	Wir lesen von Jiftachs Bestrafung des Stammes Eph-
❑ 12	raim und von Simsons Kampf gegen die Philister, die
❑ 13	sich im Gebiet der fünf Städte Gaza, Ekron, Askalon,
❑ 14	Gath und Asdod gegen Israel zusammengeschlossen
❑ 15	hatten. (80 Verse)

. . . .

. . . .

. . . .

. . . .

132. Tag
Das Öffnen deines Wortes bringt Erleuchtung,
selbst Einfache finden Einsicht darin.

Richter	Wir lesen von Simsons Fall und seiner Rache und von
❑ 16	dem Götzendienst, der durch Micha begonnen wor-
❑ 17	den war und dann den Stamm Dan erfasste. (75
❑ 18	Verse)

. . . .

....

133. Tag
Weit geöffnet hat sich mein Mund,
denn ich lechze nach deinem Gebot.

Richter	
☐	19
☐	20
☐	21

Wir lesen von dem moralischen Verfall des Volkes: der Schandtat der Einwohner von Gibea und dem daraus folgenden Krieg gegen die Benjaminiter. (103 Verse)

....

....

....

134. Tag
Sei mir gnädig und wende dich zu mir,
wie es denen, die dich lieben, gebührt.

Das Buch **Rut** ist das einzige biblische Buch, das nach einer nichtjüdischen Frau benannt wurde. Es wurde vielleicht noch vor der Salbung Davids zum König aufgeschrieben, eventuell von Samuel. Die Geschichte spielt in der Richterzeit, als eine Hungersnot im Land herrschte. Möglicherweise handelte es sich um die, die durch die Überfälle der Midianiter ausgelöst worden war.

Schlüsselwort:	Schlüsselvers:
Ruhe	1,9

Richter	
☐	6,1-5

Wir lesen noch einmal von der siebenjährigen Hungersnot, die vielleicht den Wegzug von Elimelech und seiner Familie nach Moab veranlasste. Dann lesen wir die wunderschöne Geschichte von Liebe und Erlösung. Das Buch Rut beinhaltet die Botschaft von der Gnade Gottes, der mit zwei armen verwitweten Frauen die Geschichte des Hauses David begann, aus dem später

Rut	der Messias, der Christus Jesus, hervorgehen wür-
❏ 1	de. (90 Verse)
❏ 2	....
❏ 3	
❏ 4	....

....

....

135. Tag
Durch dein gutes Wort mach meinen Schritt fest,
und gib keinem Unrecht Macht über mich!

D as **erste Buch Samuel** beinhaltet einen Zeitraum von

Schlüsselwort:	Schlüsselvers:
Gebet	8,6

ungefähr 100 Jahren. Es beginnt mit der Geburt Samuels (um 1105 v.Chr.) und beschreibt die geschichtlichen Ereignisse des beginnenden Königtums in Israel. Nach 1. Chronik 29,29 hat Samuel wenigstens einen Teil des Buches geschrieben. Der eigentliche Verfasser ist uns aber unbekannt. Er müsste nach dem Jahr 931 v.Chr. gelebt haben, als Israel sich in ein Nord- und Südreich teilte (1. Samuel 27,6). Samuel ist die zentrale Gestalt in den ersten Kapiteln. Er bereitete die weiteren Hauptpersonen, Saul und David, auf ihren Dienst vor.

1. Samuel	Wir lesen von Samuels Geburt und seiner Kindheit
❏ 1	unter dem Hohen Priester Eli und von seiner Beru-
❏ 2	fung zum Propheten. (85 Verse)
❏ 3	....

....

....

.... **71**

136. Tag
Von Bedrückung durch Menschen mach mich frei,
dann halte ich deine Vorschriften fest.

1. Samuel	Wir lesen von der Bundeslade: ihrer Eroberung
❏ 4	durch die Philister und wie Gott durch sie seine
❏ 5	Macht an den Philistern demonstrierte, von ihrer
❏ 6	Rückkehr und ihrer Wiederherstellung. (72 Verse)
❏ 7	

. . . .

. . . .

. . . .

137. Tag
Blicke freundlich auf mich, deinen Diener,
und bringe mir deine Satzungen bei!

1. Samuel	Wir lesen, wie es zur Wahl eines Königs für Israel
❏ 8	kam und wie König Saul seine ersten Siege errang.
❏ 9	(91 Verse)
❏ 10	
❏ 11	

. . . .

. . . .

. . . .

138. Tag
Von Tränen umströmt ist mein Gesicht,
weil man dein Gesetz hier nicht hält.

1. Samuel	Wir lesen zunächst von Samuels Abschiedsrede.
❏ 12	Dann lesen wir von Sauls erstem großen Versagen
	durch sein eigenmächtiges Opfer, aber auch von der
72	Heldentat seines Sohnes Jonathan. (100 Verse)

1. Samuel
- ☐ 13 ....
- ☐ 14 ....

....

....

139. Tag
Wahrhaftig bist du, Jahwe,
und deine Urteilssprüche sind gerecht.

1. Samuel
☐ 15
☐ 16
☐ 17

Wir lesen von Sauls zweitem großen Versagen, von Davids Salbung zum König und seinem Kampf gegen Goliat. – Dass Saul David in Kapitel 17 nicht zu kennen schien, während er doch vorher schon am Hof des Königs gedient hatte, wie Kapitel 16 berichtet, kann folgendermaßen erklärt werden: David war nicht ständig bei Saul gewesen (17,15; 18,2). Offenbar wurde er nur geholt, wenn Saul von dem bösen Geist, den Jahwe ihm zur Strafe geschickt hatte, geplagt wurde. Die Diener hatten Saul zwar einmal Namen und Familie Davids genannt, aber für Saul war er nur ein kleiner Musiker, den er allerdings lieb gewann und dem er später den Titel eines Waffenträgers verlieh. Nun können zwischen beiden Begebenheiten durchaus mehrere Jahre vergangen sein. Durch den Sieg über Goliat war David ein bedeutender Mann geworden, dessen Herkunft klargestellt werden musste und der fortan ständig am Hof blieb. (116 Verse)

....

....

....

140. Tag

Auch deine Weisungen sind recht,
in Wahrheit hast du sie verfügt.

1. Samuel	Wir lesen von Davids Freundschaft mit Jonathan
❏ 18	und seiner Flucht vor Saul. – Dazu lesen wir das
❏ 19	Lied Davids, das in jener Zeit entstand. (114 Verse)
❏ 20	
Psalm	....
❏ 59	
	....

....

....

141. Tag

Weil ich dich liebe, packt mich der Zorn,
denn meine Feinde vergessen dein Wort.

1. Samuel	Wir lesen von Davids Flucht nach Nob und Gat, wo
❏ 21	David sich wahnsinnig stellen musste, um mit dem
Psalm	Leben davonzukommen. – Dazu lesen wir das Lied,
❏ 34	das David damals schrieb. – Wir lesen von Sauls
1. Samuel	furchtbarer Rache an den Priestern in Nob und
❏ 22	Davids Lied über den gottlosen Verräter Doeg. (73
Psalm	Verse)
❏ 52	....

....

....

....

....

142. Tag
Dein Spruch ist lauter und wahr,
und dein Knecht liebt ihn sehr.

1. Samuel ☐ 23 Psalm ☐ 54 1. Samuel ☐ 24 Psalm ☐ 57	Wir lesen, wie David die Leute von Keila befreite und von den Sifitern verraten wurde. Auch aus dieser Erfahrung entstand ein Lied Davids. – Wir lesen von Davids Großmut gegenüber Saul und das Lied, das in diesem Zusammenhang entstand. Es beschreibt Davids Bitte um die Gnade Gottes in seinen Verfolgungen und die Festigkeit seines Vertrauens auf Jahwe. (72 Verse)

. . . .

. . . .

. . . .

. . . .

143. Tag
Ich bin verachtet und gering,
doch deine Regeln vergesse ich nicht.

1. Samuel ☐ 25 ☐ 26 ☐ 27 Psalm ☐ 56	Wir lesen, wie David Abigail zur Frau gewann, wie er Sauls Leben zum zweiten Mal schonte, wie er dann aber entmutigt zu den Philistern überlief. Damals arbeiteten David und seine Männer allerdings auch mit Betrug und Täuschung, um ihr Leben bei den Philistern zu sichern. – Wir lesen noch ein Lied Davids, das er bei den Philistern schrieb. (95 Verse)

. . . .

. . . .

. . . .   **75**

....

144. Tag
Dein Recht ist ewiges Recht,
und dein Gesetz ist wahr.

1. Samuel	Wir lesen von Sauls Besuch bei der Totenbeschwö-
❏ 28	rerin in En-Dor. Wir lesen vom Misstrauen der Phi-
❏ 29	lister gegen David, der sie ja die ganze Zeit betrogen
❏ 30	hatte, vom Überfall der Amalekiter auf Ziklag, wie
❏ 31	David sich bei Gott Mut holte und die Amalekiter

vernichtete und welche Ordnungen er für künftige
Heerzüge einführte. – Dann lesen wir vom Ausgang des Krieges
gegen die Philister und vom Ende Sauls. (80 Verse)

....

....

....

....

145. Tag
Ich bin getroffen von Sorge und Angst,
doch deine Gebote sind meine Lust.

Das **zweite Buch Sa-muel** bildete im ur-sprünglichen hebrä-

Schlüsselwort:	Schlüsselvers:
Regierung	5,1

ischen Text mit dem ersten ein einziges Buch. Erst als das Alte
Testament im 3. Jahrhundert v.Chr. ins Griechische übersetzt
wurde, führten die Übersetzer in Alexandrien diese Teilung ein,
die sich heute in allen Bibelausgaben findet, auch in den hebräischen. Das Buch beinhaltet die Machtentfaltung und

Erniedrigung des Königtums von David.

2. Samuel	Wir lesen von Davids aufrichtiger Klage um Saul
❏ 1	und Jonathan, von seiner Königszeit über Juda. Wir
❏ 2	lesen, wie Davids Leute mit Sauls General Abner,
❏ 3	der dessen Sohn Isch-Boschet an die Macht ge-

bracht hatte, kämpften, dann von Abners Überlaufen zu David und von seiner Ermordung. (98 Verse)

. . . .

. . . .

. . . .

146. Tag
Deine Weisung steht für ewiges Recht.
Gib mir Verständnis, damit ich lebe!

2. Samuel	Wir lesen von der hinterlistigen Ermordung Isch-
❏ 4	Boschets. Psalm 26 könnte in dieser Zeit entstanden
Psalm	sein, als David seine Unschuld an diesem Verbre-
❏ 26	chen beteuerte. – Wir lesen davon, wie David König
2. Samuel	über ganz Israel wurde, Jerusalem eroberte und die
❏ 5	Philister besiegte. Schließlich lesen wir von der Ein-
❏ 6	holung der Bundeslade nach Jerusalem. (72 Verse)

. . . .

. . . .

. . . .

147. Tag
Ich flehe dich an, antworte, Jahwe!
An deine Ordnungen halte ich mich.

Wir lesen von Gottes Bund mit David und Davids Dankgebet. – Ein weiteres Dankgebet, das auch zu diesem

2. Samuel
❏ 7
Psalm
❏ 21
2. Samuel
❏ 8
❏ 9

Anlass gehört, findet sich in dem Psalm. – Wir lesen weiter von der Aufrichtung des davidischen Reiches und von Davids Rücksichtnahme gegenüber Sauls Familie. (74 Verse)

....

....

....

148. Tag
Ich habe gerufen, rette mich doch!
Deiner Weisung gehorche ich gern.

2. Samuel
❏ 10
❏ 11
❏ 12
Psalm
❏ 51

Wir lesen die Vorgeschichte von Davids großer Sünde, von der Tat und den schlimmen Versuchen, sie zu vertuschen, – aber auch von seiner Buße, die er ergreifend in dem Psalm wiedergab. (98 Verse)

....

....

....

....

149. Tag
Schon frühmorgens schreie ich zu dir!
Auf dein Wort habe ich gehofft.

2. Samuel
❏ 13
❏ 14

Wir lesen, wie in Davids Familie die Sünde überhand nahm, wie David bei Vergewaltigung und Mord in der eigenen Familie aber viel zu nachsichtig war. Das hatte schreckliche Folgen. – Dazu lesen wir die Bitte um Bewahrung vor Lügen. (79 Verse)

78

Psalm
❏   120   ....

....

....

150. Tag
Selbst in Stunden der Nacht liege ich wach
und sinne nach über dein Wort.

2. Samuel   Wir lesen von Absaloms Rebellion und Davids
❏   15   Flucht. In dieser Zeit entstand auch der Psalm. – Zu
Psalm   der im nächsten Kapitel geschilderten Situation
❏   3   würde der andere Psalm passen, obwohl ein Benja-
2. Samuel   minit namens Kusch im Alten Testament sonst nicht
❏   16   bekannt ist. (87 Verse)
Psalm
❏   7   ....

....

....

....

151. Tag
Üble Verfolger sind hinter mir her,
von deinem Gesetz sind sie fern.

2. Samuel   Wir lesen von Ahitophels gefährlichem Rat gegen
❏   17   David und dann Davids Klage über den Verräter in
Psalm   dem Psalm. – Dann lesen wir von Absaloms Nieder-
❏   41   lage und Tod. (75 Verse)
2. Samuel
❏   18   ....

....

....

....

152. Tag
In deiner Güte hör mein Gebet,
belebe mich, Jahwe, gemäß deinem Recht.

2. Samuel	Wir lesen von der Vorbereitung der Rückkehr
❏ 19	Davids und der Wiederherstellung seiner Autorität.
❏ 20	– Wir lesen den Psalm, der die Rache Gott überlässt.
Psalm	(101 Verse)
❏ 109	....

....

....

153. Tag
Du aber bist nahe bei mir, Jahwe,
alle deine Gesetze sind wahr.

2. Samuel	Wir lesen von der Sühnung einer Schuld Sauls, und
❏ 21	Davids großen Dankpsalm am Ende seines Lebens.
❏ 22	Auch diese Erfahrung hatte David in seinem Leben
Psalm	gemacht. (97 Verse)
❏ 139	....

....

....

....

154. Tag
An deinen Geboten erkenne ich,
dass du sie für immer angeordnet hast.

Wir lesen von Davids letzten Worten und von seinen
80 Helden, von seiner Volkszählung und deren verheeren-

2. Samuel
☐ 23
☐ 24
Psalm
☐ 62

den Folgen. Der Psalm drückt das Vertrauen Davids auf seinen Herrn aus, das sein ganzes Leben bestimmt hat. (77 Verse)

....

....

....

....

Wir hatten Paulus in Korinth verlassen und lesen nun, wie es mit der Gemeinde dort weiterging.
155.-160. Tag: Lesen Sie weiter auf Seite 179!

161. Tag
Du siehst, dass ich deine Vorschriften mag.
Belebe mich nach deiner Gnade, Jahwe!

Ursprünglich waren **1. und 2. Könige** nur ein einziges Buch,

Schlüsselwort:	Schlüsselvers:
Größe und Fall	1 Kö 11,4

das als Fortsetzung des Samuelbuches gedacht war. Bücher der Könige heißen sie, weil sie die Regierungen aller Könige von Israel und Juda (außer Saul) verzeichnen. Sie zeigen die drei großen Perioden der Geschichte der Könige: das vereinte Königreich, das geteilte Reich Juda-Israel und das überlebende Reich Juda bis zu seiner Deportation in die Gefangenschaft nach Babylon. Die Königsbücher sind kurz nach dem Jahr 560 v.Chr. vollendet worden, ihr inspirierter Verfasser wird uns aber nicht genannt.

1. Könige
☐ 1
☐ 2

Wir lesen von Davids letzten Anordnungen, seinem Tod und von Salomos gutem Anfang in seiner demütigen Bitte um Weisheit.
(127 Verse)

81

1. Könige

❏ 3   ....

....

....

162. Tag

Dein ganzes Wort ist verlässlich und wahr,
dein gerechtes Urteil gilt für alle Zeit.

D as **Lied der Lieder.** Von den 1005 Liedern, die Salomo

Schlüsselwort:	Schlüsselvers:
Liebe	8,6-7

geschrieben hat, ist das Hohelied das beste und schönste. Das
sagt schon sein Titel. Es stammt wahrscheinlich noch aus Salomos Jugendzeit, bevor er König wurde, und ist ein Loblied auf
die Ehe, auf die Liebe zwischen dem Mann und seiner Frau. Das
Hohelied rühmt die Schönheit und Reinheit ehelicher Liebe.
Die Wirklichkeit einer menschlichen Ehe ist freilich nur die
schwache Kopie eines hervorragenden Originals. Das Original
ist Gottes Liebe zu seinem Volk, zu Israel und zur Gemeinde.
Eine Ehe ist demnach Abbild jener göttlichen Wirklichkeit und
nicht umgekehrt. Doch in den Erfahrungen unserer von Gott
geschenkten ehelichen Liebe begreifen wir ein wenig von dem,
was seine Liebe zu uns ausmacht.

Hoheslied   Wir lesen von der wachsenden Liebe zwischen

❏ 1   Braut und Bräutigam und von ihrer Hochzeit. (61

❏ 2   Verse)

❏ 3   ....

❏ 4

....

....

....

163. Tag
Die Großen drangen grundlos auf mich ein,
doch nur vor deinen Worten bebte mein Herz.

Hoheslied	
❑	5
❑	6
❑	7
❑	8

Wir lesen von der Reifung der Liebe in der Ehe, wie
das Problem der Gleichgültigkeit überwunden wird
und wie das Verlangen nach gegenseitiger Nähe
wächst. (56 Verse)

....

....

....

....

164. Tag
Mit jubelnder Freude erfüllt mich dein Wort,
als hätte ich große Beute gemacht.

1. Könige	
❑	4
❑	5
❑	6

Wir lesen von Salomos Ordnung in der Verwaltung
des Staates, seinen Vorbereitungen für den Tempelbau und vom Bau selbst. (90 Verse)

....

....

....

165. Tag
Ich hasse die Lüge, sie ist mir ein Gräuel,
doch dein Gesetz habe ich lieb.

1. Könige	
❑	7
❑	8

Wir lesen von der Einrichtung des Tempels und von
seiner Einweihung. (117 Verse)

....

. . . .

. . . .

166. Tag
Ich preise dich täglich wohl sieben Mal,
denn deine Gerichte sind gut und gerecht.

Das Buch der **Sprüche** ist Gottes Schatzbuch der Weisheit.

Schlüsselwort:	Schlüsselvers:
Weisheit	9,10

Es zeigt, wie das Wort Gottes auf jeden Lebensbereich angewendet werden soll: Die wahre Lebensweisheit ruht auf dem Fundament der Gottesfurcht. Der größte Teil der Sprüche stammt von Salomo und wurde unter seinen Nachfolgern aufgeschrieben. Zur Zeit Hiskijas (250 Jahre nach Salomo) lagen die Kapitel 1-24 offensichtlich schon vor und Hiskija ließ noch einige Sprüche anfügen.

Sprüche	Wir lesen die Worte Salomos über den Wert der Weisheit. (117 Verse)
❏ 1	
❏ 2	. . . .
❏ 3	
❏ 4	. . . .

. . . .

. . . .

167. Tag
Wer dein Gesetz liebt, hat Frieden und Glück,
kein Hindernis bringt ihn zu Fall.

Sprüche	Wir lesen vom Wert der Weisheit bei der Bewahrung
❏ 5	vor Ehebruch und Armut. (58 Verse)

. . . .

Sprüche
- ☐ 6

. . . .

. . . .

168. Tag
Ich hoffe auf deine Befreiung, Jahwe!
Nach deinen Geboten richte ich mich.

Sprüche
- ☐ 7
- ☐ 8
- ☐ 9

Wir lesen vom Wert der Weisheit bei der Bewahrung vor Verführung und sexueller Unmoral und wie Weisheit ihre Nachfolger belohnt. Dann lesen wir als Zusammenfassung die Bildrede von Frau Weisheit und Frau Torheit. (81 Verse)

. . . .

. . . .

. . . .

. . . .

169. Tag
Deinen Worten habe ich gerne gehorcht,
ich schloss sie fest in mein Herz.

Sprüche
- ☐ 10
- ☐ 11
- ☐ 12

Hier beginnt eine zweite Sammlung mit Sprüchen Salomos. Es sind Sprüche, die eine gerechte und gottlose Lebensführung einander gegenüberstellen. (91 Verse)

. . . .

. . . .

. . . .

. . . .

170. Tag
Du gabst mir Gebot und Weisung dazu,
und ob ich gehorche, weißt du genau.

1. Könige	Wir lesen, wie Gott Salomos Gebet erhörte und von
☐ 9	Salomos Unternehmungen.
Sprüche	Wir lesen weitere Sprüche, die eine gerechte und
☐ 13	gottlose Lebensführung einander gegenüberstellen.
☐ 14	(88 Verse)

. . . .

. . . .

. . . .

171. Tag
Lass mein Schreien zu dir dringen, Jahwe!
Gib mir Einsicht nach deinem Wort!

Sprüche	Wir lesen Sprüche, die eine gerechte Lebensführung
☐ 15	rühmen. (94 Verse)
☐ 16	. . . .
☐ 17	

. . . .

. . . .

172. Tag
Mein Flehen komme vor dein Angesicht!
Rette mich gemäß deinem Spruch!

1. Könige	Wir lesen vom Besuch der Königin von Saba und
☐ 10	Salomos Reichtum.
86	Wir lesen weiter Sprüche, die eine gerechte Lebensführung rühmen. (112 Verse)

Sprüche	
☐ 18	....
☐ 19	
☐ 20	....

....

173. Tag
Von meinen Lippen erklinge dein Lob,
weil du mich deinen Willen lehrst.

Sprüche	Wir lesen die Sprüche Salomos zu Ende.
☐ 21	Wir lesen von Salomos vielen Frauen und sei-
☐ 22,	nem Götzendienst, vom Niedergang seiner Regie-
1-16	rung und seinem Tod. (90 Verse)
1. Könige	....
☐ 11	
	....

....

....

174. Tag
Und meine Zunge besinge dein Wort,
denn deine Gebote sind recht.

Der **Prediger** fragt, welchen Gewinn ein Mensch von all sei-

Schlüsselwort:	Schlüsselvers:
Sinnlosigkeit	12,13

ner Mühsal hat. Gewinn ist das, was nach Abzug aller Kosten bleibt. Die Frage lautete also, ob ein Mensch sich einen bleiben-den Wert auf Erden erarbeiten kann. Die Antwort ist ein klares Nein. Deshalb möchte der Prediger die Menschen dazu bewegen, ihr Vertrauen allein auf den Schöpfer zu setzen. Das Buch wurde von einem Sohn Davids, König in Jerusalem, ver-fasst, der durch Schaden klug geworden ist und seine Leser vor diesem Schaden bewahren will. Offensichtlich handelt es sich um das Zeugnis des am Ende seines Lebens wiederhergestellten Salomo.

Prediger	
☐ 1	Offenbar hatte Salomo sich am Ende seines Lebens wieder besonnen und zog ein Fazit. Davon gibt das Buch des Predigers Zeugnis. Wir lesen von der Nichtigkeit alles menschlichen Strebens und aller menschlichen Errungenschaften. (83 Verse)
☐ 2	
☐ 3	
☐ 4	

. . . .

. . . .

. . . .

175. Tag
Um mir zu helfen, streck deine Hand aus,
denn deine Weisung hab ich erwählt!

Prediger	
☐ 5	Wir lesen von der Nichtigkeit menschlicher Errungenschaften und menschlicher Weisheit, wenn die Beziehung zu Gott fehlt. (77 Verse)
☐ 6	
☐ 7	
☐ 8	. . . .

. . . .

. . . .

176. Tag
Ich sehne mich nach deiner Hilfe, Jahwe.
Und dein Gesetz ist meine Lust.

Prediger	
☐ 9	Wir lesen von Hilflosigkeiten und Unwägbarkeiten, von Jugend und Alter und den abschließenden Rat: Fürchte Gott und halte seine Gebote. (62 Verse)
☐ 10	

. . . .

Prediger
- ❏ 11 . . . .
- ❏ 12

. . . .

. . . .

177. Tag
Ich möchte leben und dich loben!
Deine Ordnung helfe mir dabei!

Sprüche Wir lesen die dreißig Sprüche der Weisen und noch
- ❏ 22,   einige andere dazu. (82 Verse)
    17-29
- ❏ 23 . . . .
- ❏ 24, ...
    1-34

. . . .

. . . .

178. Tag
Wie ein verlorenes Schaf verirrte ich mich.
Such deinen Knecht, denn deine Gebote vergaß ich nicht!

Sprüche Wir lesen die Sprüche Salomos, die später von den
- ❏ 25   Männern Hiskijas zusammengetragen wurden. (111
- ❏ 26   Verse)
- ❏ 27 . . . .
- ❏ 28 . . . .

. . . .

. . . .   89

179. Tag

Der Anfang der Erkenntnis ist Ehrfurcht vor Jahwe.
Nur die Narren verachten Weisheit und Zucht. (Spr 1,7)

Sprüche	Wir lesen die letzten Sprüche Salomos, die unter
❏ 29	Hiskija zusammengetragen wurden, die Worte Agurs
❏ 30	und die Worte Lemuels, die auf die Unterweisung sei-
❏ 31	ner Mutter zurückgingen und zeigen, wie eine Ehe-
	frau sein sollte. (91 Verse)

....

....

....

....

Wir verlassen jetzt das Alte Testament und lesen, wie der
zweite Korintherbrief entstand und wie Paulus darin seine
Arbeit verteidigt.
180.-183. Tag: Lesen Sie weiter auf Seite 182!

184. Tag

Achte auf meine Gebote, dass du lebst;
hüte sie wie deinen Augapfel. (Spr 7,2)

Psalm	Wir lesen noch einen Psalm von Salomo, dem
❏ 127	Hauptverfasser des Buches der Sprüche. – Dann
1. Könige	lesen wir von der Teilung des Reiches in ein Nord-
❏ 12	reich Israel und ein Südreich Juda, von Jerobeams
❏ 13	Götzendienst im Nordreich und seiner schlechten
❏ 14	Regierung und von Rehabeams schlechter Regie-
	rung in Juda. (103 Verse)

....

....

185. Tag
Sucht meine Unterweisung und nicht Silberschmuck!
Nehmt Erkenntnis lieber an als reines Gold! (Spr 8,10)

1. Könige
❏ 15
❏ 16
❏ 17

Wir lesen von den judäischen Königen Abija und Asa (der Jahwe von Herzen diente), von dem israelitischen König Nadab, der umgebracht wurde, von Bascha, der die Familie Jerobeams ausrottete, von Ela, der ein Trinker war, von Simri, der nur sieben Tage regierte, von Omri, der bis zu dieser Zeit der stärkste Führer des Nordreiches war, von Ahab, der mit einer üblen Frau verheiratet war, und von dem Propheten Elija, der Ahab widerstand. (92 Verse)

....

....

....

186. Tag
Der Anfang aller Weisheit ist Ehrfurcht vor Jahwe.
Den Heiligen erkennen, das ist Verstand. (Spr 9,10)

1. Könige
❏ 18
❏ 19
Psalm
❏ 55

Wir lesen vom Entscheidungskampf des Propheten Elija auf dem Karmel, von seiner Flucht und Niedergeschlagenheit und von seiner Begegnung mit Gott am Horeb. – Dazu lesen wir den Psalm, der einen Mann im Wirbel großer Bedrängnis zeigt. (91 Verse)

....

....

· ·

· ·

187. Tag
Wer das Wort verachtet, muss dafür bezahlen,
doch wer Ehrfurcht hat vor dem Gebot, der wird belohnt.
(Spr 13,13)

1. Könige	
❑ 20	Wir lesen von Ahabs Kriegen mit Damaskus, von seiner Auseinandersetzung mit Nabot und von sei-
❑ 21	nem Tod, außerdem von der guten Regierung
❑ 22	Joschafats im Südreich Juda und vom Beginn der schlechten Regierung Ahasjas, des Sohnes Ahabs,

im Nordreich Israel. (126 Verse)

· ·

· ·

· ·

· ·

188. Tag
Wer auf das Wort achtet, findet das Gute.
Glücklich der Mensch, der Jahwe vertraut! (Spr 16,20)

W ir lesen im **zwei-
ten Buch der
Könige** vom En-

Schlüsselwort:	Schlüsselvers:
Götzendienst	17,22-23

de der Regierung Ahasjas im Nordreich, von der wunderbaren
Entrückung des Propheten Elija und den ersten Wundern Elischas. – Bethel war ein Zentrum des Götzendienstes im Nordreich. So richtete sich der Spott der aufgehetzten Kinder gegen
den Gott Elischas, der sich daraufhin an Gott wandte
und den Fluch aussprach. (70 Verse)

2. Könige
☐   1   ....
☐   2
☐   3   ....

....

....

189. Tag
Böse Menschen verstehen die Wahrheit nicht,
wer nach Jahwe sucht, versteht alles. (Spr 28,5)

2. Könige   Wir lesen von weiteren hilfreichen Wundertaten
☐   4   Elischas. Während seiner Wirkungszeit regierte
☐   5   Joram das Nordreich Israel. (71 Verse)

....

....

....

190. Tag
Wer Gottes Weisung nicht mehr hört –
selbst dessen Gebet ist ein Gräuel. (Spr 28,9)

2. Könige   Wir lesen von weiteren Wundern und Weissagun-
☐   6   gen Elischas und von der Regierung des Königs
☐   7   Joram von Juda. In seiner Zeit überfielen die Edo-
☐   8,1-24 miter Jerusalem. – Davon spricht auch der Psalm.
Psalm   (96 Verse)
☐   83   ....

....

....

....

191. Tag
Ich halte mich an dein Wort im Treiben der Menschen
und hüte mich vor dem Weg des Verbrechers. (Ps 17,4)

Obadja, der »Diener des Herrn«, der das kürzeste Buch des

Schlüsselwort:	Schlüsselvers:
Vergeltung	1,15

Alten Testaments schrieb, verkündigte das Gericht Gottes über
Edom am Tag des Herrn und die gleichzeitige Erneuerung
Israels. Wahrscheinlich wirkte er in der Zeit Jorams, nachdem
die Edomiter zusammen mit den Arabern und Philistern Jerusalem überfallen hatten.

Obadja	Wir lesen, was der Prophet über Edom und den
❏ 1	Tag des Herrn sagt. – Wir lesen weiter von der
2. Könige	Herrschaft des Königs Ahasja von Juda und des
❏ 8, 25-29	Königs Jehu im Nordreich, der von Elischa zum König gesalbt und mit der Aufgabe betraut wurde,
❏ 9	das Haus Ahab und den Baalskult auszurotten. (99
❏ 10	Verse)

....

....

....

192. Tag
Füg seinen Worten nichts Eigenes hinzu,
sonst weist er dich zurecht und du stehst als Lügner da.
(Spr 30,6)

2. Könige	Wir lesen von der Herrschaft der Königin Atalja in
❏ 11	Juda, die eine »würdige« Tochter Isebels war und fast die ganze Nachkommenschaft des jüdischen

Königshauses ausgerottet hätte, und davon, wie Joasch
94 König wurde.

. . . .

Vielleicht war es in dieser Zeit, dass Gott den Propheten **Joël**

Schlüsselwort:	Schlüsselvers:
Tag des Herrn	3,1-4

in seinen Dienst rief. Andere nehmen an, dass er 250 oder sogar 300 Jahre später lebte. Die Angaben im Buch selbst sind zu vage, um eine sichere Entstehungszeit anzugeben. Joëls Botschaft ist zeitlos und beinhaltet eine Lehre, die immer angewendet werden kann.

Joel	
❏ 1	Wir lesen, wie der Prophet das Volk angesichts der schrecklichen Heuschreckenplage zur Umkehr mahnte. Außerdem verkündigte er prophetisch den großen Tag des Herrn. (93 Verse)
❏ 2	
❏ 3	
❏ 4	

. . . .

. . . .

. . . .

Wir verlassen wieder das Alte Testament und lesen den wichtigen Brief, den der Apostel Paulus an die Römer schrieb.
193.-198. Tag: Lesen Sie weiter auf Seite 184!

199. Tag
Das Gebot Jahwes ist ganz rein;
es schenkt einen klaren Blick. (Ps 19,9)

2. Könige	
❏ 12	Wir lesen von der 40-jährigen Herrschaft des gottesfürchtigen Joasch von Juda und von der Herrschaft des Joahas und seines Sohnes Joasch über das Nordreich Israel, von der Herrschaft Amazjas, des Sohnes des Joasch von Juda und vom
❏ 13	
❏ 14	

Beginn der Herrschaft Jerobeams II. von Israel, der das   **95**

Nordreich zum Höhepunkt seiner Macht und seines Wohlstands führte, wobei auch der Prophet Jona eine Rolle spielte. (76 Verse)

....

....

....

200. Tag
Auch dein Diener ist durch deine Befehle gewarnt;
und jeder, der sie befolgt, wird reich belohnt. (Ps 19,12)

In der Anfangszeit der Herrschaft Jerobeams II. (793-753 v.Chr.) bekam

Schlüsselwort:	Schlüsselvers:
Umkehr	4,2

der Prophet **Jona** seinen Auftrag von Gott, der gottlosen heidnischen Stadt Ninive Buße zu predigen. Doch er weigerte sich in bewusstem Ungehorsam gegen Gott, das zu tun, weil er nicht wollte, dass diesen Feinden Israels Gottes Gnade zuteil würde. Es ist möglich, dass Jona seine Geschichte später selbst aufgeschrieben hat.

Jona
- [ ] 1
- [ ] 2
- [ ] 3
- [ ] 4

Wir lesen, wie Gott den Jona dazu brachte, der großen Stadt Ninive Buße zu predigen. – Das Gebiet der Stadt schloss die umliegenden Vorstädte mit ein, deshalb brauchte Jona so lange, um bis ins Zentrum zu kommen. Und was das Ereignis mit dem großen Fisch betrifft, ist nachgewiesen, dass Riesenhaie schon Menschen verschlungen haben, die kurze Zeit später noch lebend im Magen des Fisches gefunden wurden. (48 Verse)

....

....

....

201. Tag
Die Bestimmungen Jahwes sind wahr,
und sie sind alle gerecht
und wertvoller als das reinste Gold
und süßer als der beste Honig. (Ps 19,9-10)

Amos war offensicht-
lich ein wohlhaben-
der Mann, der in der

Schlüsselwort:	Schlüsselvers:
Strafe	4,12

Umgebung von Tekoa im Südreich Juda als Züchter und Vieh-
hirt lebte, als er von Gott zum Propheten über das Nordreich
Israel berufen wurde. Das befand sich zu dieser Zeit unter Jero-
beam II. auf dem Höhepunkt seiner Macht. Sein Dienst begann
zwei Jahre vor dem großen Erdbeben, vermutlich im Jahr 762
v.Chr. Zweck seiner Botschaft war, Israels Gewissen zu wecken
und das Volk aus seinem trügerischen Optimismus auf-
zuschrecken. Man nennt Amos auch den »Jakobus des Alten
Testaments«.

Amos	
❏ 1	Gott kündigte Gericht über die Nachbarvölker an,
❏ 2	drohte aber auch seinem Volk wegen seiner Sünden
❏ 3	und tadelte seine Unbußfertigkeit. (59 Verse)
❏ 4	

. . . .

. . . .

. . . .

202. Tag
Jahwe ist gut und gerecht,
darum belehrt er die Sünder. (Ps 25,8)

Gott rief die Israeliten zur Umkehr, kündigte sein Strafgericht
wegen ihrer Sittenlosigkeit an und zeigte dem Amos fünf Bilder,
die sein baldiges Gericht, aber auch endzeitlichen Segen
ankündigten. (87 Verse)

Amos
- ☐ 5 ....
- ☐ 6
- ☐ 7 ....
- ☐ 8
- ☐ 9 ....

....

203. Tag
Ich will dich belehren,
und ich zeig dir den richtigen Weg.
Ich will dich beraten,
und mein Auge wird ruhen auf dir. (Ps 32,8)

Noch gegen Ende der Regierungszeit Jerobeams II. wurde

Schlüsselwort:	Schlüsselvers:
Hurerei	4,12

Hosea zum Propheten berufen. Er musste den Niedergang des Nordreiches und den Untergang der Hauptstadt Samaria 722 v.Chr. erleben und noch mitansehen, wie Israel in die assyrische Gefangenschaft geführt wurde. Von leidenschaftlicher Liebe zu seinem Volk erfüllt, predigte und lebte er ihnen vor, wie Gott über sie dachte. Er ließ sein Volk vor Gottes Gericht erschrecken, zeigte ihnen aber immer wieder auch die lockende Liebe Jahwes. Hosea gilt als der »Johannes des Alten Testaments«.

Hosea
- ☐ 1
- ☐ 2
- ☐ 3
- ☐ 4

Wir lesen von Hoseas Ehe, durch die er die Sünde Israels veranschaulichen sollte, von der Untreue Israels im Bild von der »Frau«, mit der sich Gott vermählt hatte, und vom Götzendienst der Priesterschaft Israels. (58 Verse)

....

....

....

. . . .

204. Tag
Lehr mich, Jahwe, deinen Weg,
leite mich auf gerader Bahn (Ps 27,11)

Hosea
❏ 5
❏ 6
❏ 7
❏ 8
❏ 9

Wir lesen, wie Gott sein Volk Israel und Juda ermahnte und in Liebe zu sich ziehen wollte, wie er den Bundesbruch Israels aufdeckte und auf ihre Vergehen antwortete. (73 Verse)

. . . .

. . . .

. . . .

. . . .

205. Tag
Das Wort Jahwes ist richtig,
er beweist es durch sein Tun. (Ps 33,4)

Hosea
❏ 10
❏ 11
❏ 12
❏ 13
❏ 14

Wir lesen von der Ankündigung des göttlichen Gerichts über Israel wegen seines Götzendienstes, von der Liebe Gottes zu seinem Volk und von seiner Mahnung zur Umkchr. (66 Verse)

. . . .

. . . .

. . . .

. . . . **99**

206. Tag

Durch Jahwes Wort entstand der Himmel,
sein ganzes Heer durch den Hauch seines Mundes. (Ps 33,6)

	Schlüsselwort:	Schlüsselvers:
	Gott begegnen!	6,8; 7,18

Micha lebte zur gleichen Zeit wie Amos und Hosea im Nordreich zwischen 740 und 686 v.Chr. Er stammte aus einer Stadt im Südwesten Judas. Seine Botschaft war an die Hauptstadt des Nordreiches gerichtet und an Jerusalem. Gott beauftragte ihn damit noch vor der Zerstörung Samarias. Micha verurteilte ähnlich wie Amos Herrscher, Priester und Propheten, unehrliche Geschäfte, die Ausbeutung der Armen und Heuchelei. Er verkündigte das nahende Gericht Gottes, aber auch künftiges Heil. Im Gegensatz zu Jesaja, der Gottes Botschaft den Königen brachte, war Micha ein Herold Gottes für das einfache Volk.

Micha	
❏ 1	
❏ 2	
❏ 3	
❏ 4	
❏ 5	
❏ 6	
❏ 7	

Wir lesen von Gottes Gericht über Samaria und Juda insgesamt und davon, wie dieses Gericht einzelne Gruppen des Volkes treffen wird. Wir lesen vom kommenden Reich Gottes, von Gottes Anklage gegen sein Volk und von Michas Fürsprache vor Jahwe. (105 Verse)

. . . .

. . . .

. . . .

. . . .

Wir lesen morgen, unter welchen Umständen der erste
Timotheusbrief entstand.
207.-210. Tag: Lesen Sie weiter auf Seite 188!

211. Tag

Er hat Jakob sein Wort offenbart,
Israel seine Gesetze geschenkt.
Das hat er mit keinem Volk sonst gemacht,
sie kennen seine Bestimmungen nicht. (Ps 147,19)

2. Könige	
☐	15
☐	16
☐	17

Wir lesen von der Herrschaft des gottesfürchtigen Asarja von Juda, der auch Usija genannt wurde, und von fünf gottlosen Königen im Nordreich, die alle aber nur sehr kurz regierten, und von Jotam und Ahas im Südreich Juda. – In der gesamten Geschichte des Nordreiches gab es nicht einen gottesfürchtigen König, auch von Hoschea, dem letzten König Israels kann man das nicht sagen. Die zusammenfassende Beurteilung Gottes ist mit der Geschichte von der Entstehung der Samariter verbunden. (100 Verse)

. . . .

. . . .

. . . .

. . . .

212. Tag

»Ist mein Wort nicht wie ein Feuer«, spricht Jahwe,
»und wie ein Hammer, der Felsen zerschlägt?« (Jer 23,29)

Jesaja ist der »König« der alttestamentlichen Propheten, wenn wir die

Schlüsselwort:	Schlüsselvers:
Heil	43,3-4

gewaltige Schau von Gott, die Macht der Sprache, die Schönheit des Ausdrucks und die geistliche Tiefe seines Buches berücksichtigen. Gleichzeitig ist er aber auch der »Evangelist« unter den Propheten. Er wurde zur Zeit des Königs Usija von Juda um 750 v.Chr. zum Propheten berufen. Nach jüdischer Überlieferung soll er unter Manasse den Märtyrertod 101

gestorben sein. Demnach verkündigte er mehr als 60 Jahre lang
Gottes Gerechtigkeit, warnte vor seinem Gericht und tröstete
sein Volk. Seine Verkündigung kann folgendermaßen eingeteilt
werden: die Botschaft an das damalige Volk (Kapitel 1-39), die
Botschaft vom kommenden Messias (Kapitel 40-66). Wir gehen
davon aus, dass alle Teile des Buches von dem Propheten Jesaja
selbst stammen.

Jesaja	Wir lesen von der Anklage des Herrn gegen sein
❏ 1	Volk: Er führte einen Rechtshandel mit ihnen, zeig-
❏ 2	te ihnen die Konsequenzen ihres Tuns für die
❏ 3	Zukunft auf und drohte künftiges Gericht an. (79
	Verse)

. . . .

. . . .

. . . .

213. Tag
Der Morgen bringe mir Worte deiner Güte,
denn ich setze mein Vertrauen auf dich. (Ps 143,8)

Jesaja	Wir lesen von der kommenden Herrlichkeit der
❏ 4	Übriggebliebenen, vom unfruchtbaren Weinberg
❏ 5	und den Wehrufen über das trotzige Volk. Dazwi-
Psalm	schen lesen wir den Psalm von Gott, dem gerechten
❏ 75	Richter, und schließlich das Kapitel, das die wun-
Jesaja	derbare Bestätigung Jesajas zum Propheten enthält.
❏ 6	(60 Verse)

. . . .

. . . .

. . . .

. . . .

214. Tag
Das Gras verdorrt, die Blume verwelkt,
aber das Wort unseres Gottes bleibt für immer in Kraft.
(Jes 40,8)

Jesaja	
❏ 7	Wir lesen von der Ankündigung des Immanuel, von dem Zeichen des Sohnes Jesajas und der Verheißung des Sohnes Davids. (68 Verse)
❏ 8	
❏ 9	

....

....

....

215. Tag
Ich schwöre bei mir selbst,
Wahrheit kommt aus meinem Mund,
ein Wort, das unverbrüchlich ist. (Jes 45,23)

Jesaja	
❏ 10	Wir lesen vom Überfall Assyriens auf Immanuels Land, vom Immanuel-König selbst und vom Jubellied der Erlösten. (56 Verse)
❏ 11	
❏ 12	

....

....

....

216. Tag
Doch auf den will ich blicken,
der gebeugt und zerknirscht meinem Wort entgegenbebt.
(Jes 66,2)

Bis Kapitel 23 werden göttliche Gerichtsandrohungen
über verschiedene Nationen ausgesprochen. Wir lesen

Jesaja	
❑	13
❑	14
❑	15
❑	16

von dem Gericht über Babylon, das erst mehr als 100 Jahre später zur Großmacht aufstieg und, nachdem es Juda in die 70-jährige Gefangenschaft geführt hatte, die Strafe Gottes durch die Meder erlebte, dann auch von der Gerichtsandrohung über Assur, über die Philister und Moab. (77 Verse)

....

....

....

217. Tag
Ich wache über mein Wort,
damit geschieht, was ich sage. (Jer 1,12)

Jesaja	
❑	17
❑	18
❑	19
❑	20

Wir lesen von Gottes Gerichtsdrohung über Damaskus und Israel (In der Anfangszeit Jesajas bestand das Nordreich Israel noch), von der über Kusch (Nubien) und Ägypten. (52 Verse)

....

....

....

218. Tag
Ja, sie haben Jahwes Wort verworfen.
Und was für eine Weisheit haben sie nun? (Jer 8,9)

Jesaja	
❑	21
❑	22
❑	23

Wir lesen von Gottes Gerichtsdrohung über Babylon, Duma und Arabien, über Jerusalem und Tyrus. (60 Verse)

....

....

. . . .

. . . .

219. Tag

Wenn du zu mir sprachst, verschlang ich jedes Wort.
Deine Worte haben mich mit Glück und Freude erfüllt.
Denn ich gehöre ja dir, Jahwe, allmächtiger Gott. (Jer 15,16)

Jesaja	
❏	24
❏	25
❏	26
❏	27

Wir lesen von Gottes Gerichten am Tag des Herrn und den anschließenden Segnungen. Die Kapitel könnte man in Anlehnung an das letzte Buch der Bibel »die Offenbarung des Jesaja« nennen. (69 Verse)

. . . .

. . . .

. . . .

220. Tag

Du sollst das Wort von mir hören
und sie von mir aus warnen. (Hes 33,7)

Jesaja	
❏	28
❏	29
❏	30

Bis Kapitel 33 werden sechs Wehrufe ausgesprochen, fünf über die Ungläubigen in Israel und einer über Assyrien. Wir lesen von den Wehrufen über Ephraim und Juda, über Ariel (Jerusalem), über die, die geheime Pläne zur Allianz mit Ungläubigen schmieden, und über die widerspenstigen Söhne. (86 Verse)

. . . .

. . . .

. . . .

221. Tag
Denn jedem wird sein eigenes Wort zur Last,
weil er die Worte des lebendigen Gottes verdreht hat,
die Worte Jahwes, des Allmächtigen, unseres Gottes!
(Jer 23,36)

Jesaja | Wir lesen von den Wehrufen über die, die ein Bünd-
□ 31 | nis mit Ägypten suchten, von den Wehrufen über
□ 32 | den Verwüster Assyrien und von den Segnungen für
□ 33 | Gottes Volk, außerdem von dem Gericht über Israels
□ 34 | Feinde und der Heimkehr des Volkes. (80 Verse)
□ 35 |

. . . .

. . . .

. . . .

222. Tag
Doch meine Worte und meine Gebote,
haben die sich etwa nicht an euren Vätern erfüllt?
(Sacharja 1,6)

Jesaja | Wir lesen das geschichtliche Zwischenstück, das
□ 36 | die Verbindung zwischen dem ersten und dem zwei-
□ 37 | ten Teil des Buches herstellt. Wir lesen, wie Jerusa-
□ 38 | lem von den Assyrern bedroht und von Gott befreit
□ 39 | wurde, was den ersten Teil des Buches abschließt.

Wir lesen weiter von Hiskijas Krankheit und Sünde,
womit Jesaja auf den folgenden zweiten Teil des Buches hinwei-
sen wollte. Zeitlich gesehen lag die zweite Geschichte aber vor
der ersten. (90 Verse)

. . . .

. . . .

. . . .

. . . .

223. Tag

»Ja«, sagte Jesus, »doch wirklich glücklich sind die Menschen,
die das Wort Gottes hören und befolgen.« (Lk 11,28)

Jesaja	Mit Kapitel 40 beginnt das Trostbuch Jesajas. Wir
❏ 40	lesen von der gewaltigen Größe Gottes, der sein
❏ 41	Volk tröstete und der in Form eines Gerichtsprozes-
	ses klarstellte, wer wirklich Gott ist. (60 Verse)

. . . .

. . . .

. . . .

224. Tag

Da erinnerten sie sich an seine Worte. (Lk 24,8)

Jesaja	In diesem Prozess stellte Gott nun seinen Auser-
❏ 42	wählten, den Messias, vor und rief dann das ganze
❏ 43	Volk Israel in den Zeugenstand. (81 Verse)
❏ 44	

. . . .

. . . .

. . . .

225. Tag

Darum gleicht jeder, der auf meine Worte hört
und tut, was ich sage, einem klugen Mann, der sein Haus auf
felsigen Grund baut. (Mt 7,24)

Wir lesen von Kyrus, der die Babylonier besiegen und Israel die
Heimkehr erlauben würde (schon Kapitel 41,2 wurde er
ohne Namensnennung erwähnt). Gott kündigte den **107**

Jesaja	
❏	45
❏	46
❏	47
❏	48

Befreier 140 Jahre vor dessen Geburt an und 90 Jahre, bevor Juda überhaupt in die babylonische Gefangenschaft geführt wurde. (75 Verse)

....

....

....

226. Tag
Himmel und Erde werden vergehen,
aber meine Worte vergehen nie. (Mt 24,35)

Jesaja	
❏	49
❏	50
❏	51

Im Abschnitt bis Kapitel 57 geht es um den Dienst des »Dieners Gottes« und die Wiederherstellung Israels. Wir lesen vom Auftrag dieses Dieners, von der Gegenüberstellung seines Gehorsams mit Israels Sünde und von der Ermutigung für die Getreuen in Zion. (60 Verse)

....

....

....

....

227. Tag
Doch wir haben gesündigt,
wir haben uns an dir vergangen und gottlos gehandelt,
wir haben uns aufgelehnt und sind abgewichen von deinem
Gebot und Gesetz. (Dan 9,5)

Jesaja	
❏	52

Wir lesen von dem künftigen Jerusalem, vom Diener Gottes, der für unsere Sünden starb, und vom Glück des wiederhergestellten Israel. (44 Verse)

Jesaja
- ❏ 53   . . . .
- ❏ 54

. . . .

. . . .

228. Tag
Da glaubten sie den Worten der Schrift
und dem, was Jesus gesagt hatte. (Joh 2,22)

Jesaja
- ❏ 55
- ❏ 56
- ❏ 57

Wir lesen ein evangelistisches Kapitel und davon, dass die an Gott gläubigen Nichtjuden in den Segen Israels hineingenommen, die Gottlosen aber verdammt werden. (46 Verse)

. . . .

. . . .

. . . .

. . . .

229. Tag
Durch Mose wurde das Gesetz gegeben,
aber durch Jesus Christus ist Gnade und Wahrheit zu uns
gekommen. (Joh 1,17)

Jesaja
- ❏ 58
- ❏ 59
- ❏ 60

Wir lesen, dass die Wiederherstellung Israels durch Gottes Initiative zustande kommen wird: Er zeigt, was falsche und echte Frömmigkeit ist, er kündigt sein Kommen und die zukünftige Herrlichkeit Zions an. (57 Verse)

. . . .

. . . .

230. Tag

Wenn ihr in mir bleibt und wenn meine Worte in euch bleiben,
dann könnt ihr bitten, um was ihr wollt:
Ihr werdet es bekommen. (Joh 15,7)

Jesaja	
❏	61
❏	62
❏	63

Wir lesen vom zukünftigen Heil beim Kommen des Messias, von seinem Eifer für Jerusalem, von seiner Rache und dem großen Bittgebet des heiligen Überrestes. (42 Verse)

....

....

....

231. Tag

Im Anfang war das Wort. Das Wort war bei Gott,
ja das Wort war Gott. (Joh 1,1)

Jesaja	
❏	64
❏	65
❏	66

Wir lesen das Bittgebet zu Ende und erfahren die Antwort des Herrn: Gnade und Gericht. Das letzte Kapitel des Propheten Jesaja ist der Höhepunkt des Buches und beschreibt die Zeit des 1000-jährigen Reiches. (60 Verse)

....

....

....

....

Wir lesen ab morgen
das lebendige und anschauliche Markus-Evangelium.
232.-238. Tag: Lesen Sie weiter auf Seite 190!

239. Tag

Denkt an eure Führer, die euch damals das Wort Gottes
gebracht haben. Erinnert euch an das, was aus ihrem Leben
hervorgegangen ist, und nehmt euch ihren Glauben zum
Vorbild. (Hebr 13,7)

2. Könige	Wir lesen von der Strafexpedition der Assyrer nach
❏ 18	Samaria und Jerusalem und von der Regierung des
❏ 19	frommen Königs Hiskija von Juda. – Wir lesen dazu
❏ 20	das Lied der Söhne Korachs. (102 Verse)
Psalm	
❏ 87	. . . .

. . . .

. . . .

. . . .

240. Tag

»Ich habe die Schriftrolle mit dem Gesetz im Haus Jahwes
gefunden!« (2Kö 22,8)

2. Könige	Wir lesen von der langen Regierung des gottlosen
❏ 21	Manasse, unter dem auch Jesaja umgebracht
❏ 22	wurde, von dem kurzen Zwischenspiel des ebenso
❏ 23	gottlosen Amon und von der Regierung Joschijas,

des frömmsten Königs, den das Haus David hervor-
gebracht hatte. (83 Verse)

. . . .

. . . .

. . . .

. . . .

241. Tag
Weil sie dem Wort Gottes nicht gehorchen,
stoßen sie sich an ihm. (1Petr 2,8)

Schlüsselwort:	Schlüsselvers:
Ninive	1,2a.3a

Etwa 25 Jahre nach Jesajas Tod berief Gott den Propheten **Nahum.** Seine Botschaft richtete sich an die Stadt Ninive, die mehr als 100 Jahre nach der Predigt Jonas wieder einen gerichtsreifen Zustand erreicht hatte. Durch diese Gerichtsansage an den Erzfeind Assyrien sollte Juda getröstet werden.

Nahum	
☐ 1	Wir lesen von der Ankündigung, der Beschreibung und der Begründung des Gerichts über Ninive. (47 Verse)
☐ 2	
☐ 3	....

....

....

Wir besuchen ab morgen für zwei Tage Petrus in Rom und lesen seinen ersten Brief an verfolgte Christen.
242.-243. Tag: Lesen Sie weiter auf Seite 194!

244. Tag
Wer mein Wort hat, richte mein Wort zuverlässig aus!
(Jer 23,28)

Schlüsselwort:	Schlüsselvers:
Abtrünnigkeit	3,22

Jeremia war noch sehr jung, als er im dreizehnten Regierungsjahr des jüdischen Königs Joschija zum Propheten berufen wurde. Er hatte eine schwere Last zu tragen, denn seine Botschaft war Gottes letzte Warnung an das Volk, das aber nicht hören wollte. Jede seiner Ankündigungen erfüllte sich, doch folgte man stets den falschen Propheten und nicht ihm. Der Niedergang war schon so weit fortgeschritten, dass das Volk trotz der Reformen Joschijas, die es nur halbherzig mitmachte, geistlich immer mehr verfiel. Über die Niederschrift eines Teils seiner Weissagungen berichtet Jeremia in Kapitel 36 selbst. Die Endform seines Buches schrieb er in Ägypten, wobei er die Weissagungen aber nicht chronologisch ordnete. Er stellt oft Prophezeiungen nebeneinander, die zeitlich weit auseinanderliegen. Nach jüdischer Überlieferung wurde er schließlich von seinen Volksgenossen in Ägypten gesteinigt.

Jeremia	Wir lesen von Jeremias Berufung zum Propheten
❏ 1	und seine ersten Predigten zur Zeit der Reform Josi-
❏ 2	as. Dadurch wird deutlich, dass die Umkehr des
❏ 3	Königs das Volk leider nicht im Herzen erreicht
	hatte. (81 Verse)

....

....

....

....

245. Tag
Nehmt das Wort, das in euch hineingepflanzt wurde,
bereitwillig auf.
Denn das hat die Macht, euch zu retten. (Jak 1,21)

Jeremia	Wir lesen, wie Jeremia sein Volk zur Umkehr rief,
❏ 4	aber dann schon ein schreckliches Gericht über
❏ 5	Jerusalem und Juda ankündigen musste. Auch diese
❏ 6	Botschaft wurde in der Zeit Joschijas verkündet. (92
	Verse)

....

....

....

246. Tag

In der Schrift heißt es: »Mein Haus soll ein Ort des Gebets sein. Aber ihr habt eine Räuberhöhle daraus gemacht.« (Mt 21,13)

Jeremia	Wir lesen in Jeremias erster Tempelrede von
❑ 7	Judas Heuchelei und Götzendienst. Das war eine
❑ 8	Botschaft Jeremias aus der Zeit des Joahas und
❑ 9	Jojakim, von denen wir am Schluss von 2. Könige
❑ 10	23 gelesen haben. Immer wieder wird aber auch
	deutlich, wie der Prophet mit seinem Volk litt.

(107 Verse)

....

....

....

247. Tag

Sie haben das gute Wort Gottes und die Kräfte der kommenden Welt kennengelernt. (Hebr 6,5)

Jeremia	Wir lesen von Judas Verwerfung des Bundes, eine
❑ 11, 1-17	Botschaft, die Jeremia zur Zeit des frommen Königs Josia verkündete. Dann lesen wir das Lied
Psalm	Davids, in dem er darum bat, von falschen An-
❑ 35	klägern gerettet zu werden. Ähnliches erlebte auch
Jeremia	Jeremia. (64 Verse)
❑ 11, 18-23	
❑ 12, 1-13	

....

....

....

....

248. Tag

Es genügt nicht, das Wort nur zu hören, denn so betrügt man sich selbst. Man muss danach handeln. (Jak 1,22)

Kurz nach Jeremias Berufung begann **Zefanja** seinen Dienst.

Schlüsselwort:	Schlüsselvers:
Eifer	1,18

Mit ungeheurer Wucht verkündigte der Prophet dem Volk die Botschaft vom kommenden Tag Jahwes. Doch aus diesem Gottesgericht würde ein gereinigtes und demütiges Volk hervorgehen, in dessen Mitte Jahwe selbst wohnen würde. Zefanja war ein Ur-Ur-Enkel des Königs Hiskija, der einzige Prophet von königlicher Abstammung. Er sollte Juda noch in letzter Minute mahnen und warnen.

Zefanja
❑ 1
❑ 2
❑ 3

Wir lesen vom Tag Jahwes, der den Zorn Gottes enthüllen, bei seinen Feinden Entsetzen auslösen, aber für Israel Erneuerung bringen wird. (53 Verse)

. . . .

. . . .

. . . .

249. Tag

Jesus erwiderte: »Ihr irrt euch, weil ihr weder die Schrift noch die Kraft Gottes kennt.« (Mt 22,29)

Psalm
❑ 79
Jeremia
❑ 12, 14-17
❑ 13
❑ 14

Wir lesen einen prophetischen Psalm, der schon vor Jeremia die Zerstörung Jerusalems und des Tempels ankündigte.

Wir lesen von Jeremias Zeichenhandlung mit dem Gürtel, von seinem Bild mit den Weinkrügen und von der Dürre über Juda. – Es ist gut denkbar, dass Jeremia den Gürtel nicht 1200 km weit an den Euphrat brachte, sondern **115**

Jeremia	
❏ 15	

nach dem Ort Para, der fünf Kilometer nordöstlich von Anatot, Jeremias Geburtsort, lag. Im Hebräischen sind die Worte »nach Para« identisch mit »an den Euphrat«. Die Juden wären so gut in der Lage gewesen, Jeremia bei seinem Tun genau zu beobachten. (87 Verse)

. . . .

. . . .

. . . .

250. Tag
Jesus antwortete: »Nein, in der Schrift steht:
›Der Mensch lebt nicht nur von Brot, sondern von jedem Wort,
das aus Gottes Mund kommt.‹« (Mt 4,4)

Jeremia	
❏ 16	
❏ 17	
❏ 18	

Wir lesen von den Einschränkungen, die Jeremia auferlegt wurden, und von den Sünden Judas, von der Sabbatheiligung und von der Töpferarbeit als Vergleich für Gottes Handeln. (71 Verse)

. . . .

. . . .

. . . .

251. Tag
Habt ihr denn nie die Stelle in der Schrift gelesen:
»Der Stein, den die Bauleute als unbrauchbar verworfen
haben, ist zum Eckstein geworden. Das hat der Herr getan; es
ist ein Wunder für uns«? (Mt 21,42)

Wir lesen von dem öffentlichen Zerbrechen des Kruges und den inneren Kämpfen des Propheten zur Zeit der ersten

Wegführung und von der Anklage an König Zedekia zur

Jeremia	Zeit der Belagerung Jerusalems durch Nebukad-
❏ 19	nezzar. (47 Verse)
❏ 20	. . . .
❏ 21	
	. . . .

. . . .

252. Tag

Es muss sich natürlich erfüllen, was die Schrift über mich
vorausgesagt hat. (Mk 14,49)

Jeremia	Wir lesen von der Gerichtsankündigung gegen die
❏ 22	letzten Könige Judas, aber auch von der Erneue-
❏ 23	rung Judas durch einen gerechten Spross und von
Psalm	den Wehrufen über die falschen Hirten des Volkes,
❏ 45	Priester und Propheten. – Wir lesen diesen Psalm,
	in dem die Schönheit des Messias besungen wird.

(88 Verse)

. . . .

. . . .

. . . .

. . . .

253. Tag

Jesus erwiderte: »Meine Mutter und meine Brüder sind die, die
das Wort Gottes hören und befolgen.« (Lk 8,21)

Jeremia	Wir lesen von der Verwerfung Zedekias als
❏ 24	»schlechte Feige« und der Warnung an Jojakim,
❏ 25	dass Juda 70 Jahre in die Gefangenschaft geführt
❏ 26	werden würde, und von der Ablehnung und Verhaf-
	tung des Propheten. (72 Verse)

. . . .

....

....

254. Tag
Sehr geschickt setzt ihr Gottes Gebot außer Kraft
und haltet dafür eure eigenen Vorschriften ein. (Mk 7,9)

Jeremia	Wir lesen vom Zeichen des Jochs und von den War-
❑ 27	nungen vor dem Optimismus der falschen Prophe-
❑ 28	ten. Der falsche Prophet Hananja starb in Jerusa-
❑ 29	lem, und der falsche Prophet Schemaja würde in

Babel sterben. Jeremia schrieb einen Brief an die
Verbannten. (71 Verse)

....

....

....

....

255. Tag
Diese gute Botschaft hat Gott schon vor langer Zeit durch
seine Propheten in heiligen Schriften angekündigt. (Röm 1,2)

Jeremia	Wir lesen die Verheißung der Wiederherstellung
❑ 30	Israels und Judas und die Verheißung des Neuen
❑ 31	Bundes. – Wir lesen noch dieses Wallfahrtslied, das
Psalm	uns die Gegenwart Gottes bewusst macht. (69
❑ 125	Verse)

....

....

....

256. Tag

Die Schrift ermutigt uns zum Durchhalten, bis sich unsere
Hoffnung erfüllt. (Röm 15,4)

Jeremia	Wir lesen noch einmal zwei Kapitel von der
❏ 32	Wiederherstellung Israels und Judas und dem ewi-
❏ 33	gen Bund, den er mit ihnen schließen wird. – Wir
Psalm	lesen dazu diesen Psalm von den Großtaten des
❏ 111	Herrn. (80 Verse)

....

....

....

257. Tag

Und alles, was in der Heiligen Schrift steht, wurde früher
aufgeschrieben, damit wir daraus lernen. (Röm 15,4)

Jeremia	Wir lesen von Zedekias Verwerfung und der
❏ 34	Unbeständigkeit der Menschen, von der Treue der
❏ 35	Rechabiter und der Verbrennung der Schriftrolle
❏ 36	durch Jojakim. (73 Verse)

....

....

....

....

258. Tag

Es heißt in der Schrift: »Du sollst Recht behalten mit deinen
Worten, sie werden sich als zuverlässig erweisen.« (Röm 3,4)

Wir lesen von Jeremias Verhaftung und seiner letzten Warnung
an Zedekia und von Jerusalems Eroberung und Plünde-
rung. (67 Verse)

Jeremia
☐ 37   . . . .
☐ 38
☐ 39   . . . .

. . . .

259. Tag
Aus dem Gesetz kennst du Gottes Willen und kannst
beurteilen, worauf es ankommt. (Röm 2,18)

Jeremia	Wir lesen von dem Gericht über den rebellischen
☐ 40	Rest Judas, der nicht auf die Worte des Propheten
☐ 41	hören wollte. (56 Verse)
☐ 42	. . . .

. . . .

. . . .

. . . .

260. Tag
Es bleibt also dabei: Das Gesetz ist heilig, und seine
Forderungen sind heilig, gerecht und gut. (Röm 7,12)

Jeremia	Wir lesen von dem Gericht über den rebellischen
☐ 43	Rest Judas in Ägypten und der Verheißung an den
☐ 44	Schreiber Jeremias, Baruch. – Dazu lesen wir das
☐ 45	Wallfahrtslied von David: Wir sind entkommen. (54
Psalm	Verse)
☐ 124	. . . .

. . . .

. . . .

. . . .

Bevor wir den Propheten Habakuk lesen, schauen wir uns an,
wie der Titusbrief entstand.
261.-262. Tag: Lesen Sie weiter auf Seite 195!

263. Tag
Hier muss sich die Standhaftigkeit der Menschen bewähren,
die zu Gott gehören, die seine Gebote befolgen und auf Jesus
vertrauen. (Offb 14,12)

In der Zeit etwa, als Jeremia über Ägypten weissagte, berief Gott den

Schlüsselwort:	Schlüsselvers:
Warum?	1,3

Propheten **Habakuk**, der ihn viel nach dem »Warum?« des
Geschehens fragte, aber auch klare Antworten erhielt, wofür er
ihn im letzten Kapitel durch einen Dankpsalm ehrte.

Habakuk
❏ 1
❏ 2
❏ 3

Wir lesen von Habakuks Verwirrung über Gottes
Wege, von den Antworten, die er vernahm, und wir
lesen den Dankpsalm, den er schrieb.

....

....

....

....

Wir lesen ab morgen im Neuen Testament den Epheserbrief,
der so voll von der Herrlichkeit Gottes ist.
264.-265. Tag: Lesen Sie weiter auf Seite 197!

266.Tag

Vor allem aber müsst ihr wissen, dass keine prophetische
Aussage der Schrift aus einer eigenen Deutung stammt.
(2Petr 1,20)

Jeremia Wir lesen weiter von den Gerichtsankündigungen
❑ 46 Jeremias gegen Ägypten, gegen die Philister und
❑ 47 gegen Moab. (82 Verse)
❑ 48 ....

....

....

....

267. Tag

Wenn die Schriften des Alten Testaments vorgelesen werden,
liegt für sie eine Decke darüber, die nur durch eine Verbindung
mit Christus weggenommen werden kann. (2Kor 3,14)

Jeremia Wir lesen von den Gerichtsankündigungen über die
❑ 49 Völker Palästinas und über Babylon. (85 Verse)
❑ 50

      ....

....

....

268. Tag

Ich glaube an alles, was im Gesetz und den Schriften der
Propheten steht. (Apg 24,14)

Jeremia Wir lesen von Gottes Rache an Babylon, das er
❑ 51 zuvor gebrauchte, um sein Volk zu richten. Dann
      lesen wir vom Schicksal Jerusalems und seiner

2. Könige	Bewohner, von dem auch der Prophet Jeremia
❑ 24	betroffen war. (114 Verse)
❑ 25	....

....

....

In den nächsten beiden Tagen lesen wir den Kolosser-
und den Philemonbrief.
269.-270. Tag: Lesen Sie weiter auf Seite 199!

271. Tag
Das Wort Gottes kann man nicht in Fesseln legen.
(2Tim 2,9)

Jeremia	Wir lesen noch einmal vom Schicksal Jerusalems
❑ 52	und seiner Bewohner, wie es der Prophet Jeremia berichtet hat.

....

....

» **U**nd es geschah, als Israel gefangengenommen

Schlüsselwort:	Schlüsselvers:
Trauer	3,37-38

und Jerusalem zerstört war, dass Jeremia weinend dasaß und diese Klagelieder über Jerusalem klagte und sagte ...« So beginnt die griechische Übersetzung des Alten Testaments (LXX) das Buch der **Klagelieder**, dessen Verfasser sonst nicht genannt wird. Es besteht aber kein Zweifel, dass Jeremia dieses kunstvoll aufgebaute Buch verfasste, das starke Parallelen zu 5. Mose 28 aufweist, denn es zeigt die Erfüllung des dort angekündigten Fluches.

Klage-
lieder
❏ 1
❏ 2

Wir lesen die ersten beiden Klagelieder, bei denen jeder der 22 Verse drei Zeilen hat und jeweils mit den nächsten Buchstaben des hebräischen Alphabets beginnt. (78 Verse)

. . . .

. . . .

. . . .

272. Tag

Denn ich bekenne mich offen und ohne Scham zu dieser Botschaft: Sie ist Gottes Kraft und rettet jeden, der ihr glaubt. (Röm 1,16)

Klage-
lieder
❏ 3
❏ 4
❏ 5

Wir lesen das mittlere Klagelied, das Jeremias Antwort enthält und besonders kunstvoll aufgebaut ist: Immer drei der insgesamt 66 Verse beginnen mit dem gleichen Buchstaben des Alphabets. Kapitel 4 ist das Gegenstück zu Kapitel 2 und ebenfalls alphabetisch aufgebaut. Nur das 5. Kapitel ist nicht alphabetisch, aber das Gegenstück zu Kapitel 1. (110 Verse)

. . . .

. . . .

. . . .

. . . .

Wir besuchen morgen den Apostel Paulus im Gefängnis und lesen seinen von Freude erfüllten Brief an die Christen in Philippi.
273. Tag: Lesen Sie weiter auf Seite 200!

274. Tag

Und die meisten der Brüder hier haben durch meine
Gefangenschaft Mut gefasst und wagen es, das Wort Gottes
ohne Furcht weiterzusagen. (Phil 1,14)

D er Prophet **Hesekiël** wurde als 30-Jähriger am Fluss Kebar

Schlüsselwort:	Schlüsselvers:
Herrlichkeit	1,28

in der Nähe von Babylon berufen. Seine Botschaft empfing er hauptsächlich in Visionen und gab sie in Gleichnisreden und -handlungen wieder. Er ist der einzige der großen Propheten, der eine strikte chronologische Ordnung einhielt. Vor der Zerstörung Jerusalems (bis Kapitel 32) predigte er Gericht und Buße, danach aber wurde er zum Tröster und Prediger von Hoffnung und Zuversicht, denn bis ins letzte Detail beschrieb er Israels künftigen Ruhm und Glanz (Kapitel 33-48). Sein Leitmotiv ist die Herrlichkeit Gottes. Kein anderer Prophet benutzte so viele Bilder und visuelle Hilfsmittel wie er.

Hesekiel
❏ 1
❏ 2
❏ 3
Psalm
❏ 99

Wir lesen von Hesekiëls Berufung und Vorbereitung auf seine Aufgabe. – Wir lesen dazu den Lobpreis des Herrn, der über den Cheruben thront. Cherube sind majestätische (Engel-)Wesen, die die Herrlichkeit Gottes repräsentieren. (74 Verse)

. . . .

. . . .

. . . .

. . . .

. . . .

275. Tag

Wenn jemand etwas zu dem hinzufügt, was hier geschrieben steht, dem wird Gott die Plagen zufügen, die in diesem Buch beschrieben sind. (Offb 22,18)

Hesekiel	
❑ 4	Wir lesen, wie Hesekiël die Belagerung Jerusalems
❑ 5	symbolisch darstellen musste und wie er das Gericht
❑ 6	über Juda ankündigte. (75 Verse)
❑ 7	

....

....

....

276. Tag

Ihr forscht in der Schrift, weil ihr meint, in ihr das ewige Leben zu finden, doch sie spricht ja gerade von mir. (Joh 5,39)

Hesekiel	
❑ 8	Wir lesen von Hesekiëls Versetzung nach Jerusalem
❑ 9	und dem Auszug der Herrlichkeit Gottes aus der
❑ 10	Stadt. (76 Verse)
❑ 11	

....

....

....

277. Tag

Die Schrift sagt: »Das Wort ist dir ganz nahe. Es ist in deinem Mund und in deinem Herzen.« Mit diesem Wort ist die Botschaft vom Glauben gemeint, die wir predigen. (Röm 10,8)

Wir lesen von verschiedenen Zeichenhandlungen Hesekiëls, die Jerusalems Exil darstellen sollten, und von seinen Strafreden gegen falsche Propheten und Götzendienst. Allerdings würde der Herr einen Rest des Volkes verschonen. –

Hesekiel	Dazu lesen wir das Gebet eines Menschen, der in
❏ 12	seinem Elend zu Gott rief und nach den zukünftigen
❏ 13	Zeiten Ausschau hielt. (103 Verse)
❏ 14	
Psalm	....
❏ 102	

....

....

278. Tag

Durch diese Botschaft werdet ihr gerettet, wenn ihr sie
unverfälscht festhaltet und in keinem Punkt davon abweicht.
(1Kor 15,2)

Hesekiel	Wir lesen von Jerusalem, das mit dem unbrauchba-
❏ 15	ren Holz des Weinstocks und einer untreuen Ehe-
❏ 16	frau verglichen wird. – Wir lesen vom Glück dessen,
Psalm	der den Herrn fürchtet. (81 Verse)
❏ 112	

....

....

....

279. Tag

Wir verfälschen das Wort Gottes nicht, sondern lehren die
Wahrheit ganz offen. (2Kor 4,2)

Hesekiel	Wir lesen von dem Treuebruch des jüdischen
❏ 17	Königs, der durch ein Gleichnis dargestellt wird,
❏ 18	und von der persönlichen Verantwortung jeder
Psalm	Generation. – Wir lesen vom Glück des Menschen,
❏ 1	der seine Lust hat am Wort des Herrn. (62 Verse)

.... **127**

....

....

280. Tag

Die Juden in Beröa nahmen die Botschaft bereitwillig auf und studierten täglich die Heiligen Schriften, um zu sehen, ob das, was Paulus lehrte, wirklich zutraf. (Apg 17,11)

Hesekiel	Wir lesen von einem Klagelied über die Fürsten
❏ 19	Israels und vom Greuel des Götzendienstes in Israel.
❏ 20	– Wir lesen außerdem, wie gut es ist, dem lebendi-
Psalm	gen Gott und nicht den Götzen zu vertrauen. (76
❏ 115	Verse)

....

....

....

281. Tag

Wenn unsere gute Botschaft dennoch verhüllt erscheint, so ist das nur bei denen der Fall, die verloren gehen. (2Kor 4,3)

Hesekiel	Wir lesen von den vier Schwertbotschaften und der
❏ 21	Blutstadt Jerusalem. – Wir lesen als Gegensatz dazu
❏ 22	den Psalm mit der Bitte, dass der Herr uns seinen
Psalm	Weg lehren möge. (85 Verse)
❏ 86	

....

....

....

....

282. Tag

Gottes Wort dringt bis in unser Innerstes ein und trennt das Seelische vom Geistlichen. Es richtet und beurteilt die geheimen Wünsche und Gedanken unseres Herzens. (Hebr 4,12)

Hesekiel
❏ 23
❏ 24
Psalm
❏ 116

Wir lesen das drastische Gleichnis, das zwei ehebrecherische Schwestern mit den beiden Hauptstädten Israels, Samaria und Jerusalem, vergleicht, und das Bild vom Kochtopf, das die Zerstörung Jerusalems symbolisiert. – Als Gegensatz dazu lesen wir den Psalm von der Liebe zum Herrn. (95 Verse)

. . . .

. . . .

. . . .

283. Tag

Verkündige das Evangelium und lass dich durch nichts zum Schweigen bringen. (Apg 18,9)

Hesekiel
❏ 25
❏ 26
Psalm
❏ 94

Von Kapitel 25 an lesen wir von den Schreckensgerichten gegen Israels Nachbarn. Wir lesen von Gottes Gericht über Amon, Moab, Edom, die Philister und Tyrus. – Wir lesen diesen Psalm von der Rache Gottes. (61 Verse)

Viele Bibelleser empfinden die sogenannten Rachepsalmen als ein Problem. Folgende Überlegungen könnten eine Hilfe sein: 1. Der Psalmbeter tut eigentlich das, was auch das Neue Testament sagt: Er rächt sich nicht selbst (Röm 12,19; Hebr 10,30), sondern überlässt Gott die Rache. 2. Der Beter fordert Gott auf, Vergeltung zu üben, denn ohne Vergeltung ist eine göttliche Gerechtigkeit nicht denkbar (2Thes 1,4-9). 3. Die Feinde sind letztlich keine persönlichen Feinde, sondern Feinde der Sache Gottes. So macht der Beter Gottes Sache zu seiner eigenen. 4. Von daher könnten wir in **129** den Feinden den eigentlichen Feind Gottes erkennen, der gerichtet werden muss.

....

....

....

....

284. Tag
Alle Gebote sind in dem einen Satz zusammengefasst: »Liebe deinen Nächsten wie dich selbst!« (Röm 13,9)

Hesekiel	Wir lesen von dem Gericht über die Städte Tyrus
❏ 27	und Sidon. – Wir lesen den Psalm von der Festigkeit
❏ 28	des Thrones Gottes, der ewig besteht. (67 Verse)
Psalm	
❏ 93	....

....

....

285. Tag
Sein Mantel ist voller Blut. Er heißt »das Wort Gottes«.
(Offb 19,13)

Hesekiel	Wir lesen von der Sünde Ägyptens, seiner Niederla-
❏ 29	ge im Kampf mit den Babyloniern und von seiner
❏ 30	Zerstörung. – Wir lesen von der Freude über das
Psalm	Königsein des Herrn. (59 Verse)
❏ 97	

....

....

....

286. Tag

Gott hat befohlen, diese Botschaft durch prophetische
Schriften allen Völkern bekannt zu machen, damit sie ihr
glauben und gehorchen. (Röm 16,26)

Hesekiel	Wir lesen von dem ägyptischen Pharao, der wie eine
❑ 31	Zeder gefällt wird, und von dem Klagelied, das
❑ 32	Hesekiël über ihn anstimmt. – Wir lesen das Lied,
Psalm	das von Gnade und Recht singt. (58 Verse)
❑ 101	

....

....

....

....

287. Tag

Wenn jemand an mich glaubt, werden Ströme von lebendigem
Wasser aus seinem Inneren fließen, so wie es die Schrift sagt.
(Joh 7,38)

Hesekiel	Wir lesen ab Kapitel 33 bis zum Schluss des Buches
❑ 33	von Israels künftigem Segen und speziell von Hese-
❑ 34	kiëls Wächterdienst und dem Hirtendienst des
Psalm	Herrn an seinem Volk. – Wir lesen dazu dieses Lied
❑ 107	vom Hirtendienst des Herrn an seinem Volk. (107
	Verse)

....

....

....

.... **131**

288. Tag
Dann öffnete er ihnen die Augen für die Schrift und half ihnen,
sie zu verstehen. (Lk 24,45)

Hesekiel	Wir lesen von Edom, dem als Prototyp des Feindes
❏ 35	Zerstörung angekündigt wird, vom Segen Gottes
❏ 36	über Israel und der Rückkehr des Volkes. – Wir
Psalm	lesen diesen Lobpreis Gottes. (67 Verse)
❏ 108	

....

....

....

289. Tag
Ja, ich versichere euch: Wer auf meine Botschaft hört und dem
glaubt, der mich gesandt hat, der hat das ewige Leben.
(Joh 5,24)

Hesekiel	Wir lesen von der berühmten Vision auf dem Toten-
❏ 37	feld und von dem Gericht über den Angreifer Gog
❏ 38	aus Magog. (80 Verse)
❏ 39	....

....

....

....

....

Wir verlassen jetzt den Propheten Hesekiël für zwei Tage und
lesen den letzten Brief, den der Apostel Paulus geschrieben hat.
290.-291. Tag: Lesen Sie weiter auf Seite 201!

292. Tag
Weil ihr diesem Wort Gottes glaubt,
erweist es seine Wirksamkeit an euch. (1Thes 2,13)

Hesekiel	Ab Kapitel 40 wird uns die priesterliche Pracht des
☐ 40	erneuerten Israel gezeigt. Wir lesen die Beschrei-
☐ 41	bung von dem künftigen Tempel. – Wir lesen in dem
Psalm	Psalm vom Verlangen Davids, dem Herrn ein Haus
☐ 132	zu bauen, was er mehr als 400 Jahre vor Hesekiël in
	diesem Psalm ausdrückte. (93 Verse)

....

....

....

....

293. Tag
Was in der Schrift steht, musste sich erfüllen;
es musste so kommen, wie es der Heilige Geist schon durch
David vorausgesagt hat. (Apg 1,16)

Hesekiel	Wir lesen aus der Beschreibung des neuen Tempels
☐ 42	die Gestaltung der Nebengebäude, und wir lesen
☐ 43	von der Rückkehr der Herrlichkeit des Herrn. –
Psalm	Durch diesen Psalm erinnern wir uns, wie schreck-
☐ 74	lich es war, als der Tempel zerstört wurde. (70 Verse)

....

....

....

294. Tag

Wichtig ist nur, dass ich den Auftrag erfülle, den mir Jesus, der Herr, aufgetragen hat: den Menschen die gute Botschaft von Gottes Gnade zu bringen. (Apg 20,24)

Hesekiel	Wir lesen von den Tempeldienern und dem Land der
❑ 44	Tempelpriester. – Wir lesen von der Freude, zum
❑ 45	Haus des Herrn zu gehen. (65 Verse)
Psalm	
❑ 122	....

....

....

295. Tag

So erwies die Botschaft des Herrn ihre Macht und breitete sich immer weiter aus. (Apg 19,20)

Hesekiel	Wir lesen von den Vorschriften für die Festtage im
❑ 46	Zusammenhang mit dem Tempel, von dem Fluss,
❑ 47	der aus dem Tempel entspringen wird, und von der
❑ 48	Aufteilung des Landes im künftigen Reich. (82 Verse)

....

....

....

....

Wir verlassen jetzt für einen Tag das Alte Testament und lesen den zweiten Brief des Apostels Petrus.
296. Tag: Lesen Sie weiter auf Seite 203!

297. Tag
Wenn wir seine Gebote halten, wird uns bewusst,
dass wir ihn kennen. (1Jo 2,3)

Daniel wurde als 14-jährige Geisel schon im Jahr 605 v.Chr.

Schlüsselwort:	Schlüsselvers:
Erhabenheit	2,20-22

nach Babylon verschleppt. Dort bekam er eine dreijährige Ausbildung zum Hofbeamten des Königs und tat sich bald durch seine große Weisheit hervor. Ungefähr 70 Jahre lang bezeugte er den babylonischen Königen die Erhabenheit Gottes über alle Völker, den niemand an der Ausführung seiner Pläne hindern kann. Von der Bibelkritik wird die Verfasserschaft Daniels mit verschiedenen Argumenten bestritten. Das Hauptgegenargument ist letztlich aber die Leugnung echter Prophetie, denn die Vorhersagen über die Makkabäerzeit in Kapitel 8 und 11 sind bis in ihre Einzelheiten frappierend genau.

Daniel	Wir lesen von Daniels Verschleppung, Ausbildung
❏ 1	und Erprobung und von Daniels Deutung des
❏ 2	Standbildes, das Nebukadnezar im Traum sah. –
Psalm	Daniel hat es genau so erfahren, wie es der Psalm
❏ 121	sagt: »Meine Hilfe kommt von dem Herrn, der Himmel und Erde gemacht hat.« (78 Verse)

....

....

....

298. Tag
Sie alle wurden mit dem Heiligen Geist erfüllt und
verkündigten die Botschaft Gottes mutig und frei. (Apg 4,31)

Wir lesen von der Erprobung der Freunde Daniels, die
lebendig verbrannt werden sollten, und von Daniels **135**

| Daniel | Deutung des Traumes vom Baum und dessen Erfül-
| ❑ 3 | lung an Nebukadnezar. – Wir lesen diesen Psalm
| ❑ 4 | vom Wohl dessen, der auf Jahwe hofft. (77 Verse)
| Psalm |
| ❑ 146 |

Deutung des Traumes vom Baum und dessen Erfüllung an Nebukadnezar. – Wir lesen diesen Psalm vom Wohl dessen, der auf Jahwe hofft. (77 Verse)

· ·

· ·

· ·

299. Tag

Wer tief in das vollkommene Gesetz Gottes, in das Gesetz der Freiheit, hineinschaut und das immer wieder tut, wer nicht vergisst, was er gehört hat, sondern danach handelt, der wird in dem, was er tut, glücklich und gesegnet sein. (Jak 1,25)

Wir lesen, wie Daniel am 12. Oktober 539 v.Chr. die Schrift an der Wand deutete und kurze Zeit später in die Löwengrube musste. Er war damals bereits 80 Jahre alt. Wir wissen nicht, was Daniel in der Löwengrube gebetet hat. – Vielleicht ähnelte es dem Gebet Davids in der Höhle. (67 Verse)

Daniel
❑ 5
❑ 6
Psalm
❑ 142

· ·

· ·

· ·

300. Tag

Glücklich ist, wer diese prophetischen Worte liest, und alle, die sie hören und danach handeln. Denn schon bald wird sich alles erfüllen. (Offb 1,3)

Wir lesen von dem Gesicht mit den vier Tieren und dem Menschensohn, von dem Gesicht mit dem Widder (Medo-Persisches Reich), dem Ziegenbock (Alexander der Große) und dem kleinen Horn (Antiochus IV., ein Vorläufer des

136

Daniel
☐ 7
☐ 8
☐ 9

Antichristus) und von Daniels Bußgebet und dem Gesicht mit den 70 Jahrwochen, das bis in die Zeit unseres Herrn Jesus führt. (82 Verse)

. . . .

. . . .

. . . .

301. Tag

Der, der sich für die Wahrheit dieser Dinge verbürgt, sagt:
»Ja, ich komme bald!« – »Amen, komm doch, Herr Jesus!«
(Offb 22,20)

Daniel
☐ 10
☐ 11
☐ 12

Wir lesen von der letzten großen Offenbarung, die Daniel empfing. Sie reicht vom Perserreich bis zum Auferstehungsleben in der neuen Schöpfung. Im Einzelnen lesen wir von der dämonischen Verschwörung gegen Israel, von dem geweissagten Auftreten Alexanders des Großen und seiner Nachfolger, besonders des Judenverfolgers Antiochus IV., der ein Bild für den Antichristen darstellt, und von einer Prophetie über Drangsal, Auferstehung und neue Schöpfung. (79 Verse)

. . . .

. . . .

. . . .

. . . .

Wir lesen morgen im Hebräerbrief weiter.
302.-306. Tag: Lesen Sie weiter auf Seite 204!

307. Tag

Aber die Schrift erklärt, dass die ganze Welt von der Sünde
gefangen gehalten wird. (Gal 3,22)

Esra war ein Urenkel
des Hohen Priesters
Seraja, der von Nebu-

Schlüsselwort:	Schlüsselvers:
Heimkehr	7,9-10

kadnezar 586 v.Chr. in Ribla getötet worden war, und demzufolge ein Verwandter des amtierenden Hohen Priesters. Vermutlich hatte er am persischen Hof die Stellung eines Staats-
sekretärs für jüdische Angelegenheiten inne, als er vom König
nach Juda gesandt wurde und damit die zweite Rückwande-
rungswelle im Jahr 458 v.Chr. einleitete. Esra war ein exzellen-
ter Schriftgelehrter, der wahrscheinlich das nach ihm genannte
Buch selbst zusammenstellte. In ihm finden sich Berichte,
Dekrete, Genealogien, Briefe und persönliche Erlebnisse. Esra
hat sein Material nicht chronologisch, sondern eher nach Sach-
gruppen geordnet, was man beim Lesen beachten sollte.
Zusammen mit dem Buch Nehemia, das seine letzte Fassung
vielleicht von Esra erhielt, umfasst der Bericht einen Zeitraum
von mehr als 100 Jahren, nämlich von dem Edikt des Kyrus im
Jahr 538 v.Chr. bis zur zweiten Rückkehr Nehemias nach Jerusalem um 430 v.Chr.

Esra	Wir lesen vom Erlass des Kyrus und dem Beginn
❑ 1	der Heimkehr des Volkes nach Jerusalem. Wir
❑ 2	betrachten die Liste mit den Namen der Heimkeh-
❑ 3	rer und lesen vom Beginn des Tempelbaus und dem
	gewaltigem Jubel bei der Grundsteinlegung.

(94 Verse)

. . . .

. . . .

. . . .

308. Tag

Es muss ein Mann sein, der sich an das zuverlässige Wort
Gottes hält, wie es ihn gelehrt worden ist. Dann wird er in der
Lage sein, die Gläubigen mit der gesunden Lehre zu ermahnen
und die Gegner zu widerlegen. (Tit 1,9)

Psalm ❏ 126 Esra ❏ 4, 1-5.26	Wir lesen den Psalm, der die Freude der Rückkehr aus der Gefangenschaft beschreibt. – Dann lesen wir in den sechs Versen aus dem Buch Esra, wie schnell eine mit Freude begonnene Sache wieder zum Erliegen kam. Etwa 16 Jahre lang wurde nicht weitergebaut, bis Gott den Propheten Haggai

berief. – In Kapitel vier stellte Esra die Berichte von mehreren
Aktionen gegen die Juden zusammen, die aber in unterschiedli-
che Zeiten gehören. In unserem Zusammenhang sind nur die
ersten fünf und der letzte Vers relevant. Wir lesen zunächst bei
dem Propheten Haggai weiter.

Haggai war nach jüdi-
scher Überlieferung
bei Hesekiël in Ba-

Schlüsselwort:	Schlüsselvers:
Tempelbau	1,7-8

bylon in die Schule gegangen. Er wird erst gegen Ende der 16
Jahre nach Jerusalem gekommen sein, weil er in der Liste von
Esra 2 nicht erwähnt wird. Er weissagte nur wenige Monate,
vom 29. August bis zum 18. Dezember 520 v.Chr. Doch sein
vollmächtiger Dienst brachte das Volk dazu, in kürzester Zeit
wieder mit dem Tempelbau zu beginnen.

Haggai ❏ 1 ❏ 2	Wir lesen vom ersten Auftreten Haggais und der schnellen Reaktion des Volkes, von der künftigen Herrlichkeit des Tempels und dem erneuten Ruf zur Umkehr. (50 Verse)

. . . .

. . . .

. . . .

. . . .

. . . .

309. Tag

Auf der Grundlage der Heiligen Schrift öffnete er ihnen das
Verständnis für den Messias. (Apg 17,2)

Sacharja wurde im
November des Jahres
520 v.Chr. von Gott an

Schlüsselwort:	Schlüsselvers:
Messias	6,13; 9,9

die Seite Haggais zum Propheten berufen. Seine Botschaften
bedeuteten eine entscheidende Ermutigung für das tempelbau-
ende Volk. Zuerst empfing er eine Reihe von acht Nachtgesichten, dann gab er die göttliche Antwort auf die Frage nach
bestimmten Fastentagen weiter und verkündigte im letzten Teil
seines Buches, wie Israel in den Strudel internationaler Macht-
kämpfe hineingerissen, zuletzt aber durch das Kommen seines
Messias-Königs errettet werden würde.

Sacharja	Wir lesen, wie Sacharja in den Ruf zur Umkehr ein-
❏ 1	stimmte und wie er seine ersten fünf Gesichte emp-
❏ 2	fing. Dass es sich dabei nicht um Träume handelte,
❏ 3	wird besonders Kapitel 4,1 deutlich, wo Sacharja
❏ 4	infolge von Erschöpfung eingeschlafen war. (58 Verse)

. . . .

. . . .

. . . .

. . . .

310. Tag
Hoch willkommen ist der Freudenbote,
der mit guter Botschaft über die Berge kommt,
der Frieden verkündet und Rettung verheißt,
der zu Zion sagt: »Dein Gott herrscht als König!« (Jes 52,7)

Sacharja
❏ 5
❏ 6
❏ 7
❏ 8
Psalm
❏ 96

Wir lesen von den letzten drei Nachtgesichten und der anschließenden Krönung des Hohen Priesters, womit angedeutet wurde, dass der kommende Messias König und Priester in einer Person sein würde. Wir lesen dann, wie eine Delegation von Juden nach den Fastentagen fragte, die sie nach der Zerstörung Jerusalems von sich aus eingeführt hatten. Sie fragten, ob sie jetzt, wenn der Tempel gebaut würde, noch weiter fasten sollten. Wir lesen die verheißungsvollen Antworten Gottes auf diese Frage. – Wir lesen von dem neuen Lied, das dem Herrn gesungen werden soll. (76 Verse)

. . . .

. . . .

. . . .

. . . .

311. Tag
Dann erklärte er ihnen in der ganzen Schrift alles, was sich auf
ihn bezog; er fing bei Mose an und ging durch sämtliche
Propheten. (Lk 24,27)

Sacharja
❏ 9
❏ 10
❏ 11

Wir lesen von dem ersten »Lastwort« Sacharjas, das beschreibt, wie feindliche Völker künftig zur Anbetung gebracht werden, wie dann aber Israel eine Waffe in der Hand Gottes und ein starker Gottesheld sein wird. Umrahmt wird das Ganze

von der Ankündigung des Messias-Königs (9,9-10) und

Psalm	der Ablehnung des guten Hirten (11,4-17). Dazu
❏ 44	lesen wir den Psalm 44, der das beschreibt, was Israel auch nach seiner Rückkehr noch fühlte. (73 Verse)

. . . .

. . . .

. . . .

. . . .

312. Tag

Und diese gute Botschaft vom Reich Gottes wird in der ganzen Welt gepredigt werden, damit alle Völker sie hören. (Mt 24,14)

Sacharja	Wir lesen von dem zweiten »Lastwort« Sacharjas,
❏ 12	das beschreibt, wie Jerusalem belagert und errettet
❏ 13	werden wird (das dann wieder den Messias als den
❏ 14	Durchbohrten und den Geschlagenen im Blick hat),
Psalm	was von der höchsten Gefahr für Jerusalem spricht
❏ 77	und vom Kommen des Messias in Macht und Herr-
	lichkeit. Dann, in dem beginnenden 1000-jährigen

Reich, werden wieder feindliche Völker zur Anbetung gebracht werden. – Wir lesen dazu das Lied Asaphs, der sich entschlossen hatte, über das Tun Gottes nachzudenken. (65 Verse)

. . . .

. . . .

. . . .

. . . .

. . . .

313. Tag
Denk daran, wie bereitwillig du die Botschaft gehört und
angenommen hast. Daran halte fest und ändere deine jetzige
Einstellung! (Offb 3,3)

Esra | Wir lesen, welche Widerstände bei der Wiederauf-
❑ 5 | nahme des Tempelbaus zu überwinden waren und
❑ 6 | wie Gott durch den Dienst der Propheten Haggai
Psalm | und Sacharja Gelingen schenkte, so dass der zweite
❑ 118 | Tempel in Jerusalem nach fünfjähriger Bauzeit end-
lich eingeweiht werden konnte. – Wir lesen den
Lobpreis der Gnade Gottes. (68 Verse)

. . . .

. . . .

. . . .

Ab morgen lesen wir das Johannes-Evangelium,
das als letztes der vier Evangelien entstand.
314.-321. Tag: Lesen Sie weiter auf Seite 207!

322. Tag
An unserem Beispiel solltet ihr lernen, nicht über das
hinauszugehen, was in der Schrift steht. (1Kor 4,6)

33 Jahre nach Voll-
endung des zwei-
ten Tempels leb-

Schlüsselwort:	Schlüsselvers:
Gottes Fügung	4,14

ten immer noch sehr viele Juden im Ausland. Das Buch **Ester**
berichtet von einer wunderbaren Bewahrung, welche die Exilju-
den unter dem Perserkönig Xerxes erlebten. Die Geschichte
spielt in Susa, der Winterresidenz der persischen Könige. Zwar
wird der Name des Herrn im gesamten Buch nicht einmal erwähnt, aber seine Führung kann man überall in **143**

der Geschichte erkennen. Das Buch, das offensichtlich auf den Bericht des Mordechai zurückgeht und von einem uns unbekannten Verfasser aufgeschrieben wurde, erklärt, wie es zum Purimfest der Juden kam.

Ester	
❏	1
❏	2
❏	3
❏	4
❏	5

Wir lesen, wie Ester Königin wurde und für ihr Volk das Leben wagte. (91 Verse)

....

....

....

....

323. Tag

Der König schloss den Bund vor Jahwe, dass man alles genau tun wolle, was in dem Buch geschrieben steht. (2Chr 34,31)

Ester	
❏	6
❏	7
❏	8
❏	9
❏	10

Wir lesen, wie Haman gestürzt und Mordechai erhöht wurde und wie die Juden sich gegen ihre Feinde verteidigten und sich an ihnen rächten. (76 Verse)

....

....

....

....

324. Tag

Die Menschen, die dem guten Boden gleichen, hören die Botschaft, nehmen sie auf und bringen Frucht: dreißig-, sechzig- und hundertfach. (Mk 4,20)

Wir lesen von Esras Rückkehr nach Jerusalem 57 Jahre nach der Vollendung des zweiten Tempels und von dem

326. Tag

Es sollte so kommen, wie geschrieben steht: »Wer sich rühmen
will, der rühme sich des Herrn.« (1Kor 1,31)

Schlüsselwort:	Schlüsselvers:
Mauerbau	6,3

Dreizehn Jahre später kam **Nehemia** nach Jerusalem. Er hatte
von dem Zustand Jerusalems und dem Baustopp gehört und
konnte beim König dessen Aufhebung erwirken. In nur 52
Tagen baute er die Mauer Jerusalems wieder auf. Er wurde von
Gott vor allem dazu gebraucht, die sozialen, wirtschaftlichen
und gottesdienstlichen Verhältnisse in seinem Volk zu ordnen.
Nehemia schrieb seine Geschichte auf, wahrscheinlich bald
nach den darin geschilderten Ereignissen, vermutlich kurz nach
dem Jahr 430 v.Chr. Dabei arbeitete er auch offizielle Listen ein.
Meist schrieb er in der Ich-Form, also 1. Person Einzahl, benutzte aber auch die 3. Person (Kap. 8), was damals nicht unüblich
war. Den Schluss bilden die Aufzeichnungen aus seinem zweiten Aufenthalt in Jerusalem, der um 430 v.Chr. begann.

Nehemia	
❏ 1	
❏ 2	
❏ 3	

Wir lesen von Nehemias Gebet und dessen Erhö-
rung, von seinen Bauvorbereitungen und seiner
Organisation des Wiederaufbaus der Mauer Jerusalems. (69 Verse)

. . . .

. . . .

. . . .

327. Tag

Wenn ihr aber nicht einmal glaubt, was Mose geschrieben hat,
wie wollt ihr dann meinen Worten glauben? (Joh 5,47)

Wir lesen von den weisen Reaktionen Nehemias auf
Widerstand gegen den Mauerbau, der von außen und **145**

Esra
☐ 7
☐ 8
Psalm
☐ 85

Glaubenswagnis, das er dabei einging, als er auf eine Eskorte zum Schutz des mitgeführten Tempelschatzes verzichtete. – Wir lesen das Lied, das den Herrn besingt, der die Gefangenschaft Israels gewendet hat. (78 Verse)

. . . .

. . . .

. . . .

. . . .

. . . .

325. Tag

Denn schon das Gesetz, das durch Engel verkündet wurde,
war verbindlich. (Hebr 2,2)

Esra
☐ 4,
6-23
☐ 9
☐ 10

Wir lesen von einer Anklageschrift gegen die Juden unter Xerxes (Vers 6) und von dem Widerstand gegen den weiteren Aufbau der Stadt Jerusalem, der mit der Rückkehr Esras begonnen hatte. Offenbar hatte Esra auch schon versucht, die Mauer wieder aufzubauen. Es kam zu einem erneuten Baustopp, der dann erst unter Nehemia wieder aufgehoben wurde. Esra stieß dann auf das Problem der Mischehen und berief innerhalb von drei Tagen eine Vollversammlung aller Männer von Juda und Benjamin für den 8. Dezember 457 v.Chr. ein. (77 Verse)

. . . .

. . . .

. . . .

. . . .

Nehemia	von innen kam und sich auch gegen ihn selbst rich-
☐ 4	tete. (55 Verse)
☐ 5	....
☐ 6	

....

....

....

328. Tag

Diese Botschaft ist absolut vertrauenswürdig und ich will, dass
du mit Nachdruck dafür eintrittst, damit alle, die zum Glauben
an Gott gekommen sind, sich ernsthaft um gute Werke
bemühen. (Tit 3,8)

Nehemia	Wir lesen vom Abschluss der Arbeit und dem Ver-
☐ 7	zeichnis der Heimkehrer, vom Dienst Esras, der das
☐ 8	Gesetz verlas, und vom Bußgebet der Leviten. (128
☐ 9	Verse)

....

....

....

....

329. Tag

Ohne Gesetz hätte ich nie erkannt, was Sünde ist. Auch die
Begierde wäre nie in mir erwacht, wenn das Gesetz nicht
gesagt hätte: »Du sollst nicht begehren!« (Röm 7,7)

Nehemia	Wir lesen von der Erneuerung des Mosebundes und
☐ 10	von der Wiederbesiedlung der Stadt Jerusalem.
☐ 11	Auch Nehemia hatte es noch mit dem Pro-
	blem der Mischehen zu tun. (154 Verse)

147

Nehemia
- ☐ 12 ....
- ☐ 13 ....

....

330. Tag
Die Forderungen des Gesetzes haben die Abscheulichkeit der
Sünde ans Licht gebracht. (Röm 7,13)

Anschließend musste Nehemia zur Bericht-erstattung an den

Schlüsselwort:	Schlüsselvers:
Undank	1,2

persischen Hof zurück. In Juda machte sich Enttäuschung breit,
denn der Tempel stand nun schon 80 Jahre, aber von dem verheißenen Wohlstand war nichts zu spüren. Die Gebote Gottes
wurden nicht mehr so genau genommen. Etwa in dieser Zeit
begann der Dienst des **Propheten Maleachi**. Er machte seinem
Volk klar, dass man von Gott nicht enttäuscht sein muss. Er
würde seinen Boten senden und den Weg bereiten.

Maleachi Wir lesen von der Güte des Herrn an seinem Volk
- ☐ 1   Israel trotz dessen Undankbarkeit. (55 Verse)
- ☐ 2
- ☐ 3   ....

....

....

....

Wir verlassen jetzt das Alte Testament und lesen die Briefe, die
Johannes noch in hohem Alter schrieb.
331.-332. Tag: Lesen Sie weiter auf Seite 212!

333. Tag

Diese Tafeln waren Gottes Werk, und die Schrift darauf war
von Gott selbst eingraviert worden. (2Mo 32,16)

In der hebräischen Bibel bilden die beiden **Chronikbücher** ein einziges

Schlüsselwort:	Schlüsselvers:
Geschichte	14,15; 17,21

Werk, das an den Schluss des hebräischen Kanons gestellt
wurde, um ihm besonderes Gewicht zu verleihen. Das Werk
beginnt mit der Schöpfung und schließt mit dem Ende der babylonischen Gefangenschaft, konzentriert sich aber auf die
Geschichte der jüdischen Könige. Es ist fast ausschließlich eine
Bearbeitung aus vorhandenem Quellenmaterial. Mit diesem
Werk sollte den aus dem Exil heimgekehrten Juden eine geistliche Orientierung durch Rückbesinnung auf die Vergangenheit
gegeben werden.

Die Chronik ist nicht einfach eine Wiederholung, sondern
sie bietet eine Vogelperspektive der Geschichte Israels. Sie
betont die Erhabenheit Gottes, der trotz menschlichem Versagen seine Pläne erfüllt.

Es gibt eine Anzahl Argumente dafür, dass der Priester Esra
beide Bücher zusammengestellt hat.

1. Chronik	Wir lesen im Geschlechtsregister von den Nach-
❏ 1	kommen Adams bis zu David. – Wir lesen in dem
❏ 2	Psalm von dem großen und furchtbaren Gott
Psalm	Israels. (122 Verse)
❏ 76	

....

....

....

....

334. Tag

Du hast das Gesetz Gottes, den Inbegriff von Erkenntnis und
Wahrheit. (Röm 2,20)

1. Chronik	Wir lesen von den Nachkommen Davids und dem
❏ 3	Geschlechtsregister der Stämme Juda und Simeon.
❏ 4	– In dem Psalm lesen wir von der Gewalt der Stim-
Psalm	me des Herrn. Es ist der Psalm der sieben Donner.
❏ 29	(78 Verse)

....

....

....

335. Tag

Denn durch das Halten von Geboten wird kein Mensch vor
Gott gerecht. Das Gesetz führt nur dazu, dass man seine Sünde
erkennt. (Röm 3,20)

1. Chronik	Wir lesen im Geschlechtsregister der transjordani-
❏ 5	schen Stämme und von den Nachkommen Levis. –
❏ 6	In dem Psalm lesen wir von den Klagen des Volkes in
Psalm	der Verbannung. (127 Verse)
❏ 80	

....

....

....

....

336. Tag

Das Gesetz ist erst nachträglich dazugekommen, um die
Tragweite der Übertretungen deutlich zu machen. (Röm 5,20)

150 Wir lesen von den Nachkommen der sechs nördlichen
Stämme und den Nachkommen Benjamins. – Dazu

1. Chronik	lesen wir noch dieses kleine Wallfahrtslied, das man

1. Chronik
❑ 7
❑ 8
Psalm
❑ 123

lesen wir noch dieses kleine Wallfahrtslied, das man vielleicht auf dem Weg zum Tempel gesungen hat. (84 Verse)

....

....

....

337. Tag
Denn meiner innersten Überzeugung nach stimme ich dem Gesetz Gottes freudig zu. (Röm 7,22)

1. Chronik
❑ 9
❑ 10
Psalm
❑ 18

Wir lesen das Register von den Bewohnern Jerusalems und Gibeas und von Sauls letzter Schlacht und seinem Tod. – Wir lesen Davids Jubellied nach seiner Errettung von allen seinen Feinden. (109 Verse)

....

....

....

338. Tag
Wir wissen, dass das Gesetz vom Geist Gottes erfüllt ist. (Röm 7,14)

1. Chronik
❑ 11
❑ 12
Psalm
❑ 61

Wir lesen von Davids Salbung zum König und von seinen heldenhaften Mitstreitern. – Wir lesen dazu das Gebet des Königs für den König. (97 Verse)

....

....

339. Tag
Über euch aber kann ich mich nur freuen, denn jeder weiß,
dass ihr dem Wort Gottes gehorsam seid. (Röm 16,19)

1. Chronik	Wir lesen, wie David die Bundeslade nach Jerusa-
❏ 13	lem brachte: zuerst auf die falsche Weise, dann fand
❏ 14	er den rechten Weg zur Überwindung der Philister
❏ 15	und schließlich den rechten Weg zur Überführung
❏ 16	der Lade. (103 Verse)

....

....

....

340. Tag
»Brannte nicht unser Herz, als er unterwegs mit uns sprach
und uns den Sinn der Schrift aufschloss?«, sagten sie da
zueinander. (Lk 24,32)

1. Chronik	Wir lesen von der Verheißung Gottes für David und
❏ 17	sein Königtum und von Davids Außenpolitik. (71
❏ 18	Verse)
❏ 19	....
❏ 20	

....

....

341. Tag
Ich weiß natürlich, dass in der Schrift steht: »Du sollst nicht
abfällig über einen Führer deines Volkes reden.« (Apg 23,5)

Psalm	Wir lesen diesen Psalm als Nachtrag zu Davids
❏ 60	Außenpolitik. – Wir lesen dann von Davids Volks-
	zählung und deren unheilvollen Folgen und von sei-
	nem Auftrag an Salomo, den Tempel zu bauen. (63
152	Verse)

1. Chronik
- ❏ 21 ....
- ❏ 22

....

....

342. Tag

Wir selbst werden uns weiterhin auf das Gebet und die Verkündigung des Wortes Gottes konzentrieren. (Apg 6,4)

1. Chronik Wir lesen von Davids Anordnungen für den Tempel-
❏ 23 dienst. – Wir lesen dazu das kurze Wallfahrtslied.
❏ 24 (66 Verse)
Psalm
❏ 134 ....

....

....

343. Tag

Die Botschaft vom Kreuz ist für die, die verloren gehen, eine Dummheit, aber für uns, die gerettet werden, ist sie Gottes Kraft. (1Kor 1,18)

1. Chronik Wir lesen von den levitischen Musikern, Torwa-
❏ 25 chen, Schatzmeistern, Verwaltern und der militäri-
❏ 26 schen und politischen Struktur unter David. – Wir
❏ 27 lesen dazu diesen Aufruf zur Gerechtigkeit beson-
Psalm ders den Armen gegenüber. (105 Verse)
❏ 82 ....

....

....

.... 153

344. Tag

Ihr kennt ja die Botschaft, die Gott dem Volk Israel gesandt hat.
Es ist das Evangelium des Friedens durch den, der Herr über
alle Menschen ist: Jesus Christus. (Apg 10,36)

1. Chronik
☐ 28
☐ 29
Psalm
☐ 72

Wir lesen von dem abschließenden Auftrag zum Tempelbau, von Davids letzten Worten an das Volk und von Salomos Einsetzung zum König. – Wir lesen dazu dieses Gebet Salomos. (71 Verse)

....

....

....

....

345. Tag

Immer mehr Menschen hörten das Wort Gottes und kamen
zum Glauben. (Apg 12,24)

2. Chronik
☐ 1
☐ 2
☐ 3
Psalm
☐ 46

Wir lesen von Salomos Weisheit und Reichtum, von seinen Vorbereitungen für den Tempelbau und vom Bau selbst. – Wir lesen den Psalm, nach dem Luther sein Lied gedichtet hat: »Ein feste Burg ist unser Gott, ein gute Wehr und Waffen ...«
(64 Verse)

Schlüsselwort:	Schlüsselvers:
Tempel	7,16

....

....

....

....

346. Tag

Führe sie durch die Wahrheit ganz auf deine Seite! Dein Wort
ist Wahrheit. (Joh 17,17)

2. Chronik
❏ 4
❏ 5
Psalm
❏ 113

Wir lesen von der Ausstattung des Tempels und von
seiner Einweihung. – Wir loben den Namen des
Herrn mit diesem Lied. (45 Verse)

....

....

....

347. Tag

Betet, dass ich diese Botschaft so klar verkündige, wie ich
sollte! (Kol 4,4)

2. Chronik
❏ 6
❏ 7
Psalm
❏ 137

Wir lesen, wie Salomo den Tempel zum Eigentum
Jahwes erklärte, wie er betete und wie Gott sein
Gebet beantwortete. – Wir lesen dieses traurige Lied,
das entstand, als der Herr die hier angekündigte Strafe über Israel vollziehen musste. (73 Verse)

....

....

....

348. Tag

Jesus gebrauchte viele Gleichnisse, um den Menschen die
Botschaft Gottes verständlich zu machen. (Mk 4,33)

2. Chronik
❏ 8
❏ 9

Wir lesen von Salomos politischen Erfolgen, von
der erfolgreichen Einrichtung der Tempeldienste,
von seinem Ruhm und seinen wirtschaftlichen Erfolgen. – Wir lesen den Psalm von 155

Psalm	David, der dem Herrn dankbar bekannte, dass er
❑ 138	sein Wort unter ihm groß gemacht hatte. (57 Verse)

....

....

....

349. Tag

Jesus lehrte in den Synagogen und verkündigte die gute
Botschaft vom Reich Gottes. (Mt 4,23)

2. Chronik	Wir lesen von der Teilung des Reiches nach Salo-
❑ 10	mos Tod und von dem Königtum Rehabeams und
❑ 11	von einem Einfall der Ägypter. – Wir lesen das Lied
❑ 12	Etans, des Esrachiters, der an den Bund Gottes mit
Psalm	David erinnerte. (111 Verse)
❑ 89	....

....

....

350. Tag

Denn das ganze Gesetz ist erfüllt, wenn ihr das eine Gebot
haltet: »Liebe deinen Nächsten wie dich selbst!« (Gal 5,14)

2. Chronik	Wir lesen von Abija und seinem militärischen Erfolg
❑ 13	über das Nordreich Israel, von Asa und seinen
❑ 14	Reformen. (70 Verse)
❑ 15	....
❑ 16	....

....

....

351. Tag

So führte das Gesetz uns wie ein streng ermahnender Erzieher
zu Christus. (Gal 3,24)

2. Chronik	Wir lesen von Joschafats erfolgreicher Regierung,
❏ 17	seinem gefährlichen Bund mit Ahab, seiner Rechts-
❏ 18	pflege und dem wunderbaren Sieg über die Ammo-
❏ 19	niter und Moabiter. (101 Verse)

. . . .

. . . .

. . . .

352. Tag

Geht in die ganze Welt und verkündet allen Menschen
die gute Botschaft. (Mk 16,15)

Psalm	Wir lesen den Psalm von den Söhnen Korachs, der
❏ 48	wahrscheinlich noch einmal den Sieg Joschafats
2. Chronik	besingt. – Wir lesen von der Vernichtung von drei
❏ 21	Gegnern der Reform: Jorams Bestrafung durch
❏ 22	Elija, Ahasjas Ermordung durch Jehu, Ataljas Hin-
❏ 23	richtung durch die Priester. (68 Verse)

. . . .

. . . .

. . . .

353. Tag

In öffentlichen Streitgesprächen widerlegte Apollos die Juden
und bewies ihnen anhand der Schrift, dass Jesus
der Messias ist. (Apg 18,28)

2. Chronik	Wir lesen von Joaschs Wiederherstellung
❏ 24	des Tempels und seinem Abfall von Gott 157

2. Chronik	nach dem Tod des Hohen Priesters, von Amazjas
❏ 25	Gottvertrauen und späterem Götzendienst, von Usi-
❏ 26	jas Gottesfurcht und seiner späteren Selbstüberhe-
	bung. (78 Verse)

....

....

....

354. Tag

Es sind Menschen, die nach den Geboten Gottes leben und sich
zur Botschaft von Jesus bekennen. (Offb 12,17)

2. Chronik	Wir lesen von Jotam, der sich nach dem Herrn rich-
❏ 27	tete, und von Ahas, der nichts von ihm wissen woll-
❏ 28	te. – Wir lesen das Gebet Davids gegen die gottlosen
Psalm	Frevler. (50 Verse)
❏ 140	....

....

....

355. Tag

Denn im Evangelium zeigt Gott uns seine Gerechtigkeit, eine
Gerechtigkeit, die aus dem Vertrauen auf Gott kommt und zum
Glauben hinführt, wie es in der Schrift steht: »Der Gerechte
wird leben, weil er glaubt.« (Röm 1,17)

2. Chronik	Wir lesen von den Reformen des frommen Königs
❏ 29	Hiskija: von seiner Tempelreinigung und dem
❏ 30	großen Passafest. – Wir lesen das Lied von Gott, der
Psalm	größer ist als alle Götter. (84 Verse)
❏ 135	

....

....

. . . .

356. Tag
Die Menschen drängten sich um ihn und wollten
das Wort Gottes hören. (Lk 5,1)

2. Chronik   Wir lesen weiter von den Reformen Hiskijas und der

❏   31   Wiederherstellung des Tempelgottesdienstes, aber

❏   32   auch von der darauffolgenden Belagerung Jerusa-

Psalm   lems und der wunderbaren Hilfe, die der König

❏   149   erfuhr. – Wir lesen von dem Lob Gottes in der

             Gemeinde der Frommen. (63 Verse)

. . . .

. . . .

. . . .

357. Tag
Der Glaube kommt also aus dem Hören der Botschaft und die
Verkündigung aus dem Wort von Christus. (Röm 10,17)

2. Chronik   Wir lesen vom Götzendienst und der späteren

❏   33   Umkehr Manasses und vom Beginn der letzten

❏   34   Reform unter dem jungen König Joschija. – Wir

Psalm   lesen den Schlusspsalm Davids, der Gottes König-

❏   145   tum besingt. (79 Verse)

. . . .

. . . .

. . . .

. . . .

358. Tag

Betet auch für mich, dass Gott mir das rechte Wort schenkt,
wenn ich meinen Mund aufmache, um das Geheimnis des
Evangeliums offen bekannt zu machen (Eph 6,19)

2. Chronik ❏ 35 Psalm ❏ 144 2. Chronik ❏ 36	Wir lesen von Joschijas Passafeier und seinem Tod in einem nicht notwendigen Krieg gegen Ägypten. – Wir lesen die Bitte um die Hilfe des Herrn und den Sieg im Krieg, die Gott aber nicht immer erhörte. – Wir lesen das letzte Kapitel des hebräischen Alten Testaments, das von den letzten vier Königen in Juda berichtet, der Wegführung des Volkes in die

Gefangenschaft, das aber auch das Edikt des Kyrus am Ende der
babylonischen Gefangenschaft erwähnt. (65 Verse)

....

....

....

Wir verlassen jetzt das Alte Testament und lesen das letzte
Buch des Neuen Testaments.
359.-365. Tag: Lesen Sie weiter auf Seite 213!

Übrigens: Persönliche Notizen helfen, das Erkannte festzuhalten. Und der sanfte Zwang zur Niederschrift bewahrt vor allzu oberflächlichem Lesen.

Die Evangelien. Über das irdische Leben unseres Herrn Jesus Christus wissen wir nicht viel mehr, als uns in den vier Evangelien berichtet ist. Diese Schriften sind keine Biographien im üblichen Sinn, denn sie berichten außer der Geburt und dem Tempelbesuch des Zwölfjärigen nur über drei Jahre aus dem Leben und Leiden des Herrn. Jedes der vier Evangelien stellt Jesus Christus aus einer anderen Perspektive dar, aber alle verkündigen die frohe Botschaft von dem Sohn Gottes, um ihre Leser zum Glauben zu führen.

Das **Lukas-Evangelium.** Wir lesen dieses Evangelium zuerst,

Schlüsselwort:	Schlüsselvers:
Menschensohn	19,10

weil Lukas zusammen mit der Apostelgeschichte das umfassendste Werk des Neuen Testaments geschrieben hat und wir die anderen neutestamentlichen Schriften anschließend am besten in die Apostelgeschichte einordnen können. Wann der Arzt Lukas, ein Mitarbeiter des Paulus, sein Evangelium geschrieben hat, ist nicht genau bekannt. Es könnte durchaus schon 58-60 n.Chr. gewesen sein, als Paulus in Cäsarea im Gefängnis war, denn auch Lukas befand sich während dieser Zeit in Israel. So konnte er sich um den gefangenen Apostel kümmern, hatte gleichzeitig aber Gelegenheit zu gründlichen Nachforschungen und Zeugenbefragungen, wie er es am Anfang seines ersten Buches beschreibt. Wir können annehmen, dass zumindest ein Teil seines Evangeliums in dieser Zeit entstand.

Lukas widmete seine beiden Bücher einem gewissen Theophilus, einem gebildeten Nichtjuden, der wohl auch für die spätere Verbreitung der Schrift sorgte. Theophilus sollte erkennen, dass sein Glaube auf sicheren historischen Tatsachen beruht. In seinem Evangelium zeigt Lukas Jesus als den Menschensohn, der die Verlorenen suchen und retten wollte, aber von Israel abgelehnt wurde.

30. Tag
Ich hab mich entschieden für Wahrheit und Treue,
habe vor mich gestellt dein göttliches Recht.

Lukas	
❑	1
❑	2

Wir lesen von der Wegbereitung für den Erlöser, also von der Geburt Johannes des Täufers, und dann von der Geburt und Kindheit unseres Herrn. (132 Verse)

....

....

....

31. Tag
An deinen Zeugnissen halte ich fest.
Jahwe, beschäme mich nicht!

Lukas	
❑	3
❑	4
❑	5

Wir lesen vom Dienst Johannes des Täufers im Jahr 27 n.Chr., von den Vorbereitungen unseres Herrn Jesus auf seinen Dienst und vom Beginn seines Wirkens in Galiläa. (121 Verse)

....

....

....

32. Tag
Den Weg deiner Vorschriften werde ich gehen,
denn du machst mein Herz dafür weit.

Wir lesen vom Dienst unseres Herrn in Galiläa, davon, wie er seine Jünger berief, ihnen seine Grundsätze in der Bergpredigt erläuterte und wie er ihnen sein Erbarmen mit den Menschen zeigte. (99 Verse)

Lukas
❑ 6   . . . .
❑ 7
        . . . .

. . . .

33. Tag
Den Weg deiner Vorschriften zeig mir, Jahwe,
damit ich ihm folge zum Ziel.

Lukas   Wir lesen, wie der Herr seine Jünger auch durch
❑ 8   seine Taten belehrte. (118 Verse)
❑ 9
        . . . .

. . . .

. . . .

34. Tag
Gib mir Verstand für deine Weisung,
und mit ganzem Herzen halte ich sie!

Lukas   Wir lesen, wie Jesus die 70 Jünger aussandte und wie
❑ 10   sie zurückkamen, wie er sie über das Reich Gottes
❑ 11   belehrte und sie auf die kommende Krisenzeit vorbe-
        reitete. (96 Verse)

. . . .

. . . .

. . . .

. . . . **163**

35. Tag
Hilf mir zu folgen dem Pfad der Gebote,
denn diesen Weg gehe ich gern.

Lukas	
❑	12
❑	13
Psalm	
❑	117

Wir lesen, wie der Herr die Jünger auf die kommenden Auseinandersetzungen vorbereitete und wie er das Volk belehrte. – Wir lesen dazu diesen kürzesten Psalm, der das letzte Wort des Herrn bestätigt. (96 Verse)

....

....

....

36. Tag
Lenk meinen Sinn auf dein Gebot,
und nicht auf Güter und Geld!

Lukas	
❑	14
❑	15
❑	16

Wir lesen von der Verschärfung des Konflikts mit den Pharisäern und Schriftgelehrten. (98 Verse)

....

....

....

37. Tag
Wende meine Augen von Eitelkeit ab;
erfrische mich auf deinem Weg!

Lukas	
❑	17
❑	18
❑	19

Wir lesen von der Unterweisung der Jünger und von weiteren Geschehnissen auf dem Weg nach Jerusalem. (128 Verse)

....

....

. . . .

. . . .

38. Tag
Halte deinem Diener deine Zusage ein,
die jedem gilt, der Furcht vor dir hat.

Lukas
❑ 20
❑ 21
❑ 22, 1-38

Wir lesen von den Auseinandersetzungen im Tempel und dem letzten Passamahl des Herrn mit seinen Jüngern. (123 Verse)

. . . .

. . . .

. . . .

39. Tag
Seine Gebote standen mir immer vor Augen,
seine Befehle wies ich nicht von mir weg. (Ps 18,23)

Lukas
❑ 22, 39-71
❑ 23, 1-43
Psalm
❑ 31

Wir lesen, wie der Herr auf dem Ölberg im Gebet kämpfte, wie er gefangen genommen und verhört wurde und schließlich am Kreuz hing. – Dazu lesen wir den Psalm, aus dem er sein letztes Wort am Kreuz nahm. (101 Verse)

. . . .

. . . .

. . . .

40. Tag
Was Gott sagt, ist die reine Wahrheit.
Wer Zuflucht sucht, hat in ihm einen Schild. (Spr 30,5)

Lukas
☑ 23,
   44-56
☑ 24
Psalm
☑ 24

Wir lesen dann weiter vom Tod, der Auferstehung und Himmelfahrt des Herrn. – Dazu den Psalm, den man durchaus auch als Himmelfahrtspsalm verstehen könnte. (119 Verse)

Krass, wie der Herr einen so bei den Zügen auftaucht.

Wir verlassen morgen das Neue Testament und lesen das Buch von der wunderbaren Rettung Israels aus Ägypten.
41.-54. Tag: Lesen Sie weiter auf Seite 32!

55. Tag
Deine Ordnungen sind mir wie ein Lied,
solange ich Gast in dieser Welt bin.

In der **Apostelgeschichte** setzt Lukas seinen Bericht fort und zeigt Theophilus, wie das Evangelium auch zu ihm gelangt war und wie es die Ausdehnung, Weite und Freiheit gewonnen hat, die es nun kennzeichnet. Lukas stellte in seinem zweiten Bericht nicht den gesamten Lauf des Evangeliums dar, sondern beschrieb vor allem den Übergang vom Judentum über das Judenchristentum zum nichtjüdischen Christentum. Die Apostelgeschichte kann nicht vor dem Jahr 62 n.Chr. abgeschlossen worden sein, denn sie bricht mit der Notiz über die zweijährige Gefangenschaft des Paulus in Rom ab. Viele Ereignisse (16,10-17; 20,5-21,18; 27,1-28,16) berichtete Lukas in der 1. Person Plural (»wir«, »uns«), weil er sie als Augenzeuge miterlebte.

Schlüsselwort:	Schlüsselvers:
Aposteltaten	1,8

Apostelge-
schichte
❏ 1
❏ 2
Psalm
❏ 16

Wir lesen vom Warten der Gläubigen auf den Heiligen Geist, von dessen Kommen und von der Entstehung der Gemeinde in Jerusalem. – Dazu lesen wir den Psalm, den Petrus in seiner Pfingstpredigt zitierte. (84 Verse)

....

....

....

....

56. Tag
Auch in der Nacht denk ich an dich, Jahwe,
und hüte die Weisung von dir.

Apostelge-
schichte
❏ 3
❏ 4
Psalm
❏ 2
Apostelge-
schichte
❏ 5

Wir lesen von einem Wunder und seinen weitreichenden Folgen. – Nach Kapitel 4 lesen wir den Psalm, aus dem die Gläubigen nach der Befreiung von Petrus und Johannes in ihrem Gebet zitierten. – Dann lesen wir weiter von göttlicher Gemeindezucht und der Gefangennahme der Apostel (wahrscheinlich aller zwölf), von ihrer wunderbaren Befreiung und ihrem Zeugnis vor dem Hohen Rat. (117 Verse)

....

....

....

57. Tag
Dass ich deinen Regeln gefolgt bin,
ist mein Geschenk und mein Glück.

Wir lesen, wie die Verfolgung der Gemeinde zur Ausbreitung des Evangeliums führte. (115 Verse)

Apostelge-
schichte
❑ 6   ·
❑ 7   ·
❑ 8
· ·

58. Tag
Mein Anteil, Jahwe, bist du,
ich werde mich richten nach deinem Wort.

Apostelge-   Wir lesen, wie der Verfolger sich bekehrte, und vom
schichte   Beginn der Mission unter Nichtjuden bis hin nach
❑ 9   Antiochia. (121 Verse)
❑ 10
❑ 11   ·

· ·

· ·

Morgen beginnen wir das Buch, das wie kaum ein anderes von
der Heiligkeit Gottes spricht, das 3. Buch Mose.
59.-70. Tag: Lesen Sie weiter auf Seite 39!

71. Tag
Von ganzem Herzen fleh ich dich an,
sei mir gnädig, wie du zugesagt hast!

Apostelge-   Wir lesen von der Hinrichtung des ersten Apostels –
schichte   es war Jakobus, der Bruder von Johannes –, von der
❑ 12   Gefangennahme und wunderbaren Befreiung des
               Petrus, der sich anschließend auf Missionsreise
begab und wahrscheinlich zusammen mit Markus bis nach Rom
reiste. Wir lesen auch vom Tod Herodes Agrippas, der
zwei Jahre später erfolgte. Nach dem Tod Agrippas

kehrten Petrus und ein wenig später auch Markus nach Jerusalem zurück, wo sie mit Paulus und Barnabas zusammentrafen (11,30; Galater 2,9). Markus reiste mit den beiden nach Antiochia.

....

W ir beginnen dann gleich mit dem **Jakobusbrief**, der in dieser Zeit zwischen 45 und 48 n.Chr. entstanden sein könnte. Jakobus, der (Halb-)Bruder unseres Herrn, schrieb an jüdische Christen in der Diaspora. Sein Brief ist voll von praktischen Anweisungen, denn Jakobus bestand darauf, dass der Glaube Ergebnisse zeigen muss, wenn er echt ist.

Schlüsselwort:	Schlüsselvers:
Werke	2,26

Jakobus
❏ 1
❏ 2

Wir lesen vom Sinn der Versuchung und dem königlichen Gesetz der Nächstenliebe. (78 Verse)

....

....

72. Tag
Gut war für mich, dass ich gedemütigt wurde,
so lernte ich deine Ordnungen neu.

Psalm
❏ 133
Jakobus
❏ 3
❏ 4
❏ 5

Wir lesen zunächst den Psalm, der von der brüderlichen Eintracht handelt, und dann weiter im Jakobusbrief. Hier zeigt Jakobus die Natur der wahren Weisheit in verschiedenen Bereichen auf. – Bei der Salbung mit Öl sollten wir nicht an die letzte Ölung oder irgendeine Weihehandlung denken. Der Sprachgebrauch legt nahe, dass es dabei um eine gebräuchliche medizinische Erstbehandlung ging, wie sie zum Beispiel der barmherzige Samariter vornahm. (58 Verse)

169

....

....

....

Wir lesen nun im Alten Testament, wie Israel nach der ersten
Volkszählung vom Sinai aufbrach, und den weiteren
Reisebericht im 4. Buch Mose.
73.-87. Tag: Lesen Sie weiter auf Seite 45 unten!

88. Tag
Die Weisung aus deinem Mund gilt mir mehr
als Berge von Silber und Gold.

Apostelge-
schichte
❏   13
❏   14
Galater
❏   2,1-14

(94 Verse)

Wir lesen von der ersten Missionsreise, die Paulus
zusammen mit Barnabas und Markus unternahm.
Wieder in Antiochia zurück, kam es zu Schwierigkeiten in der Gemeinde. Paulus berichtet im 2.
Kapitel des Galaterbriefs von den Hintergründen.
Wir lesen vom Besuch des Paulus in Jerusalem,
dann aber von den Schwierigkeiten in Antiochia.

....

....

....

89.Tag
Sie hätten mich fast vernichtet im Land,
doch ich verlasse dein Gesetz nicht.

Der Galaterbrief ist der älteste der Paulusbriefe. Der Apostel
schrieb ihn um das Jahr 48 n.Chr. am Vorabend des
Apostelkonzils in Jerusalem. Er richtete ihn an die Ge-

meinden Galatiens, die er auf seiner ersten Missionsreise gegründet hatte. Dort

Schlüsselwort:	Schlüsselverse:
Glauben	2,19-20

waren kurze Zeit später judenchristliche Lehrer aufgetaucht, die behaupteten, dass das Halten der alttestamentlichen Gesetze zur Errettung nötig wäre. Der ganze Brief ist ein leidenschaftlicher Angriff auf die Verdunkelung des Evangeliums durch das Gesetz. Paulus wollte die Galater vor dieser gefährlichen Gesetzlichkeit warnen und ihr Vertrauen auf das Evangelium, das er ihnen gebracht hatte, stärken.

Galater	
❑ 1	Wir lesen, wie Paulus die christliche Freiheit durch biographische und biblisch-theologische Argumente verteidigte. (105 Verse)
❑ 2	
❑ 3	
❑ 4	....

....

....

90. Tag
Belebe mich durch deine Güte,
und ich hüte das Zeugnis aus deinem Mund.

Galater	
❑ 5	Wir lesen weiter, wie Paulus bewies, dass Christus uns vom Gesetz befreit hat und dass diese Freiheit in der Praxis ausgelebt werden muss. – Wir lesen dann von dem sogenannten Apostelkonzil, das im Jahr 48 in Jerusalem stattfand. Hier wurde die Lehre des Paulus von den Jerusalemer Autoritäten bestätigt. Das Ergebnis dieser Versammlung löste große Freude in den Gemeinden aus. (79 Verse)
❑ 6	
Apostelge-	
schichte	
❑ 15,	
1-35	

....

Nachdem wir vom Ende des Gesetzes gelesen haben, kehren
wir noch einmal an dessen Anfang bei Mose zurück.
91.-105.Tag: Lesen Sie weiter auf Seite 54!

106. Tag
Durch dein Gesetz werde ich klug,
und ich hasse jeden krummen Weg.

Matthäus, der in den anderen Evangelien mit seinem

Schlüsselwort:	Schlüsselvers:
Messiaskönig	27,37

jüdischen Namen Levi genannt wird, war als Zöllner bei seinen
Landsleuten verhasst, weil er praktisch im römischen Staats-
dienst stand. Nachdem er von Jesus in die Nachfolge gerufen
worden war, schrieb er das nach ihm benannte Evangelium etwa
20 Jahre nach der Auferstehung des Herrn nieder, vermutlich in
Israel. Sein Evangelium war ursprünglich an Juden und Judenchristen gerichtet, denen gezeigt werden sollte, dass Jesus von
Nazareth wirklich der verheißene Messias ist. Es ist darum vor
allen anderen Evangelien das Bindeglied zum Alten Testament.
Das zeigen die auffällig vielen Zitate. Matthäus ging es besonders um die Lehre des Herrn, die er in fünf großen Redeab-
schnitten überlieferte.

Matthäus	Wir lesen von der Ankunft des Königs, wie sich die
❏ 1	Weissagungen im Leben des Herrn erfüllten, wie er
❏ 2	als Messias bestätigt wurde und wie er sein Wirken in
❏ 3	Galiläa begann. (90 Verse)
❏ 4	

. . . .

107. Tag
Dein Wort ist eine Leuchte vor meinen Füßen
und ein Licht auf meinem Weg.

Matthäus
❑ 5
❑ 6
❑ 7

Wir lesen die großartige Bergpredigt. Diese Predigt zeigt, wie ein Mensch, der in der richtigen Beziehung zu Gott steht, leben soll. Sie ist Maßstab für das, was Gott von seinem Volk erwartet. (111 Verse)

. . . .

. . . .

. . . .

. . . .

108. Tag
Ich habe geschworen und halte es ein,
ich tue, was du festgelegt hast.

Matthäus
❑ 8
❑ 9
❑ 10

Wir lesen, wie Jesus seine Gottheit bewies. Es wird uns seine Macht über Krankheit, Dämonen, Menschen, die Natur, die Sünde, Traditionen, den Tod, Blindheit und Stummheit gezeigt. Kapitel 10 zeigt in der zweiten großen Rede des Herrn die Vollmacht des Königs, Diener auszusenden. (114 Verse)

. . . .

. . . .

. . . .

. . . .

109. Tag
Wie bin ich so niedergeschlagen, Jahwe!
Belebe mich nach deinem Wort!

Matthäus	
☐	11
☐	12
☐	13

Wir lesen vom Auftrag des Königs, den er den Jüngern des Täufers, einigen unbußfertigen Städten, den Pharisäern und Schriftgelehrten und selbst seinen Verwandten gegenüber deutlich machen musste. Anschließend stellte er in acht Gleichnissen der Volksmenge und seinen Jüngern das ganz andere Gottesreich dar. Das ist die dritte große Rede des Herrn bei Matthäus. – Die Lästerung des Heiligen Geistes in 2,31-32 meint, dass ein offensichtliches Werk Gottes, das Jesus gewirkt hat, wider besseres Wissen dem Satan zugeschrieben wird. Menschen, die durch den Heiligen Geist von ihrer Sünde überführt wurden, können diese Lästerung nicht begangen haben. (138 Verse)

. . . .

. . . .

. . . .

110. Tag
Nimm meinen Dank als Opfergabe an,
und lehre mich deine Bestimmungen, Jahwe!

Matthäus	
☐	14
☐	15
☐	16

Wir lesen vom Tod Johannes des Täufers und von weiteren Lehren und Wundern des Herrn. Dabei wird immer wieder deutlich, wie stark er schon angefeindet wurde. – Kapitel 16,18: Petrus steht hier stellvertretend für alle Apostel im Sinn von Epheser 2,20. Nach Petrus' eigenen Worten ist Christus der Urgrund der Gemeinde (1. Petrus 2,4-8). (103 Verse)

....

....

....

111. Tag
Mein Leben ist ständig in Todesgefahr,
doch dein Gesetz vergesse ich nie.

Matthäus
❏ 17
❏ 18
❏ 19

Wir lesen von der Verklärung des Herrn und seiner vierten großen Rede, die in Weisungen an seine Jünger bestand. Wir lesen dann von einigen Lektionen des Königs über Ehescheidung, Kinder und Reichtum. (92 Verse)

....

....

....

....

112. Tag
Schlingen legen die Bösen mir aus,
doch ich irre nicht ab von deinem Gebot.

Matthäus
❏ 20
❏ 21
❏ 22
Psalm
❏ 110

Wir lesen, wie der Herr auf sein Leiden in Jerusalem zuging, und von seiner Auseinandersetzung mit den Pharisäern, Schriftgelehrten, Hohen Priestern, Herodianern und Sadduzäern. – Wir lesen den Psalm vom König- und Priestertum des Herrn. (133 Verse)

....

....

....

113. Tag
Deine Weisungen sind mir kostbarer Besitz für alle Zeit
und große Freude für mein Herz.

Matthäus	
☐	23
☐	24
☐	25

Wir lesen die Gerichtsankündigung gegen die Pharisäer und Schriftgelehrten, und die Endzeitrede des Herrn, die fünfte große Rede, die Matthäus überliefert. (136 Verse)

....

....

....

....

114. Tag
Entschieden folge ich deinem Wort.
Das soll mein Lohn für alle Zeit sein.

Matthäus	
☐	26
☐	27
☐	28

Wir lesen vom Leiden, Sterben und Auferstehen des Herrn und von seinem großen Missionsbefehl, dem Auftrag des Königs. (161 Verse)

....

....

....

....

Wir verlassen morgen das Neue Testament und lesen im Buch
Josua, wie Israel das verheißene Land eroberte.
115.-123. Tag: Lesen Sie weiter auf Seite 61!

124. Tag
Bürge du jetzt für mich, dann wird alles gut,
und die Frechen quälen mich nicht mehr.

Apostelge-	Wir lesen von der zweiten Missionsreise des Paulus

Apostelge-
schichte

❑   16
❑   17
❑   18

Wir lesen von der zweiten Missionsreise des Paulus
und der Entstehung der Gemeinden in Philippi,
Thessalonich, Beröa, Athen und Korinth. (102
Verse)

....

....

....

....

125. Tag
Meine Augen sehnen sich nach deinem Heil,
nach dem Wort deiner Gerechtigkeit.

I m Jahr 51 war Paulus
nach Thessalonich ge-
kommen und hatte dort

Schlüsselwort:	Schlüsselvers:
Wiederkunft	4,16-17

die Gemeinde gegründet. Doch bald musste er die Stadt verlassen und reiste über Beröa und Athen nach Korinth. Timotheus,
den er nach Thessalonich zurückgeschickt hatte, traf in Korinth
wieder mit ihm zusammen und berichtete, was aus der kleinen
Gemeinde geworden war. Als Antwort schrieb Paulus den
ersten Thessalonicherbrief.

Wir lesen von der tiefen Dankbarkeit, die Paulus für die
Thessalonicher empfand, wenn er auf die kurze Zeit sei-

1. Thessa-lonicher	nes Wirkens unter ihnen zurückblickte, und von

1. Thessa-
lonicher

❏ 1
❏ 2
❏ 3
❏ 4
❏ 5

nes Wirkens unter ihnen zurückblickte, und von
seinen Ermahnungen und Belehrungen über die
Wiederkunft des Herrn. (89 Verse)

....

....

....

....

126. Tag
Lass deine Güte deinem Sklaven sichtbar sein,
und lehre mich erkennen, was dein Wille ist.

Trotz dieses Briefes blieben für die Thessalonicher noch man-

Schlüsselwort:	Schlüsselvers:
Tag des Herrn	2,2

che Fragen nach der Wiederkunft des Herrn offen, die Paulus
mit großer seelsorgerlicher Weisheit in dem nur wenige Monate
später geschriebenen **zweiten Thessalonicherbrief** beantwortete.

2. Thessa-
lonicher

❏ 1
❏ 2
❏ 3

Wir lesen vom Beten des Apostels für die Thessalonicher, von seiner Aufklärung über die Ereignisse
beim Kommen des Herrn und von seinen Ermahnungen zu einem entsprechenden Wandel. (47
Verse)

....

....

....

....

Wir lesen ab morgen im Buch der Richter, wie es mit Israel nach der Eroberung Kanaans weiterging.
127.-154. Tag: Lesen Sie weiter auf Seite 67!

155. Tag
Sieh mein Elend an und befreie mich!
Denn dein Gesetz vergaß ich nie.

Die Gemeinde in Korinth war durch den 18-monatigen

Schlüsselwort:	Schlüsselvers:
Benehmen	3,3

Dienst des Paulus in der Stadt entstanden. Paulus war von dort weiter nach Jerusalem und dann nach Antiochia zurück gereist. Kurze Zeit später machte er sich wieder auf den Weg. Auf seiner dritten Missionsreise kam er nach Ephesus, wo er ebenfalls eine Missionsarbeit begann. Von dort aus schrieb er einen Brief nach Korinth, weil er Nachrichten aus der Gemeinde bekommen hatte (1. Korinther 5,9). Weitere schlechte Nachrichten erhielt er im Winter des Jahres 55 durch den Besuch einiger Geschwister aus Korinth, die auch einen Brief mitbrachten. Daraufhin schrieb Paulus unseren **ersten Korintherbrief.**

1. Korinther
❏ 1
❏ 2
❏ 3

Wir lesen die Antworten des Apostels auf den Bericht der »Leute der Chloe« über den Streit verschiedener Gruppen in der Gemeinde. (70 Verse)

. . . .

. . . .

. . . .

. . . .   **179**

156. Tag
Sorg du für mein Recht und mache mich frei,
schenk mir das Leben, wie du es versprachst!

1. Korinther	
❑	4
❑	5
❑	6

Wir lesen, wie Paulus seinen Dienst für Christus verteidigt, wie er Unmoral und Streitereien vor Gericht kritisiert und deutlich vor sexueller Unmoral warnt. (54 Verse)

....

....

....

....

157. Tag
Deine Hilfe ist den Gottlosen fern,
denn nach deiner Weisung fragen sie nicht.

1. Korinther	
❑	7
❑	8
❑	9

Wir lesen von den Antworten des Paulus auf die schriftlichen Fragen der Korinther nach Ehe und Jungfrauenschaft und nach dem Götzenopfer-fleisch. Diese letzte Frage bewertete Paulus zunächst von den Götzen her und dann von der Freiheit her, wobei er konkret auf die Freiheit eines Apostels einging. (80 Verse)

....

....

....

....

....

158. Tag
Jahwe, dein Erbarmen ist groß,
mach mir Mut nach deinem Recht.

1. Korinther
☐ 10
☐ 11
Psalm
☐ 141

Wir lesen, wie Paulus die Frage nach dem Götzenopferfleisch vom Verhältnis zu Gott und vom Verhältnis zu anderen bewertete. Weiter lesen wir, wie Paulus zum rechten Verhalten beim Gebet und beim Brotbrechen ermahnte. – Dazu lesen wir die Bitte um Bewahrung vor Verführung. (77 Verse)

. . . .

. . . .

. . . .

159. Tag
Viele verfolgen und bedrängen mich,
doch ich wich nie von deinem Zeugnis ab.

1. Korinther
☐ 12
☐ 13
☐ 14

Wir lesen von den geistlichen Gaben und ihrem Einsatz in der Gemeinde. (84 Verse)

. . . .

. . . .

. . . .

. . . .

160. Tag
Sah ich Verräter – es ekelte mich an,
denn sie richten sich nicht nach deinem Gesetz.

Wir lesen das großartige Kapitel von unserer Auferstehungshoffnung und die verschiedenen Mitteilun- **181**

1. Korinther	gen des Paulus im letzten Kapitel des Briefes. (82 Verse)
☐ 15	
☐ 16	....

....

....

Wir lesen im Alten Testament von Davids Ende und Salomos
gutem Anfang. Zu der Zeit entstand auch das
Lied der Lieder (Hohelied).
161.-179. Tag: Lesen Sie weiter auf Seite 81!

---

180. Tag
Denn Jahwe gibt Weisheit,
von ihm kommt Kenntnis und Verstand. (Spr 2,6)

Apostelge-schichte	Wir lesen von dem mehr als zweijährigen Wirken des Paulus in Ephesus.
☐ 19	

....

....

N achdem Paulus von Ephesus Richtung Mazedonien abge-

Schlüsselwort:	Schlüsselvers:
Dienst	6,4

reist war, traf er endlich seinen Mitarbeiter Titus, den er vorher
mit einem harten Brief, dem sogenannten »Tränenbrief« (2.
Korinther 2,4) nach Korinth geschickt hatte. Titus brachte aber
gute Nachrichten, die Paulus zum **zweiten Korintherbrief** ver-
anlassten. In diesem sehr persönlichen Brief verteidigte er seine
apostolische Autorität. Es wird deutlich, welch hohen
Preis er für die Missionsarbeit zu zahlen bereit war.

182

2. Korinther	Wir lesen, wie Paulus sein persönliches Verhalten
❑ 1	erläuterte und die Art seiner Arbeit verteidigte. Er
❑ 2	fühlte sich als einer, der im Triumphzug von Christus mitgeführt wurde. (82 Verse)

....

....

181. Tag
Mein Sohn, vergiss meine Weisung nicht,
behalte meine Vorschriften im Herzen! (Spr 3,1)

2. Korinther	Wir lesen weiter, wie Paulus seine Arbeit verteidig-
❑ 3	te: Er schrieb von seiner Ehrlichkeit und Beharr-
❑ 4	lichkeit, von Sehnsucht, Eifer und Bewährung.
❑ 5	(75 Verse)
❑ 6	....

....

....

....

182. Tag
Mein Sohn, verachte nicht die Belehrung Jahwes,
werd nicht unwillig, wenn er dich ermahnt. (Spr 3,11)

2. Korinther	Wir lesen den Kommentar des Paulus über die
❑ 7	Wirkung seines »Tränenbriefes« und die beiden
❑ 8	Kapitel über die Gnade des Gebens. (55 Verse)
❑ 9	

....

. . . .

183. Tag
Denn das Gebot ist wie eine Leuchte,
die Weisung wie ein Licht,
und die ermahnende Erziehung
ist ein Weg zum Leben. (Spr 6,23)

2. Korinther	Wir lesen von der persönlichen Verteidigung des
☐ 10	Paulus und der Vorbereitung seines dritten
☐ 11	Besuchs in Korinth. (85 Verse)
☐ 12	
☐ 13	. . . .

. . . .

. . . .

. . . .

Wir verlassen jetzt das Neue Testament und lesen von den
ersten Königen und Propheten im geteilten Reich Israel.

184.-192. Tag: Lesen Sie weiter auf Seite 90!

193. Tag
Wie beneidenswert glücklich ist der, der
Lust hat an der Weisung Jahwes
und über sein Wort Tag und Nacht sinnt! (Ps 1,1-2)

N achdem er die guten Nachrichten aus Korinth erhalten und

Schlüsselwort:	Schlüsselvers:
Gerechtigkeit	1,16-17

den zweiten Brief an die Korinther abgeschickt hatte, konnte
Paulus seine Reise ohne Furcht und Bedenken fortset-
zen und traf im Spätherbst des Jahres 56 n.Chr. in

Korinth ein. Dort blieb er drei Monate und diktierte seinen Brief an die Gemeinde in Rom. Er wollte die Gläubigen dort für eine Missionsarbeit in Spanien gewinnen. Weil sie ihn aber noch nicht kannten, stellte er ihnen seine Lehre vor. Der **Römerbrief** ist die ausführlichste Darstellung der Grundlagen des Christentums im Neuen Testament.

Römer	
❑ 1	Wir lesen davon, dass die Nichtjuden gesündigt haben, die Juden, die sich besser dünkten, aber auch; dass also alle Menschen schuldig sind, durch den Glauben aber gerechtfertigt werden können. – Wir lesen dazu den Psalm, den Paulus im 3. Kapitel zitierte. (99 Verse)
❑ 2	
❑ 3	
Psalm	
❑ 14	

....

....

....

....

194. Tag
Die Worte Jahwes sind rein wie Silber,
geschmolzen im Tiegel aus Ton,
siebenfach von Schlacke befreit. (Ps 12,7)

Römer	
❑ 4	Wir lesen von einem Beispiel der Glaubensgerechtigkeit aus dem Alten Testament und von dem Erreichen der Gerechtigkeit durch Christus. – Dazu lesen wir den Psalm, der vom Glück dessen spricht, dem die Sünden vergeben sind. (57 Verse)
❑ 5	
Psalm	
❑ 32	

....

....

....

. . . .

195. Tag
Ja, Gott – sein Weg ist tadellos,
Jahwes Wort ist unverfälscht. (Ps 18,31)

Römer	
❑ 6	Wir lesen von der Macht der Sünde und ihrer Über-
❑ 7	windung, von der Macht des Gesetzes und seiner
❑ 8	Überwindung und vom Gesetz des Geistes des
	Lebens in Christus. (87 Verse)

. . . .

. . . .

. . . .

. . . .

196. Tag
Das Zeugnis Jahwes ist verlässlich;
es macht den Einfältigen klug. (Ps 19,8)

Römer	
❑ 9	Wir lesen von der Gerechtigkeit Gottes, die sich in
❑ 10	seiner Erwählung offenbart, von der Wahl Israels,
❑ 11	von der Rettung Israels und dem Versagen Israels. –
Psalm	Wir lesen dazu das Lied, das Gott für seine Schöp-
❑ 19	fung und sein Gesetz preist. (105 Verse)

. . . .

. . . .

. . . .

. . . .

197. Tag
Das Gesetz Jahwes ist vollkommen;
es gibt dem Leben neue Kraft. (Ps 19,8)

Römer
☐ 12
☐ 13
☐ 14

Wir lesen von der Anwendung der Gerechtigkeit im persönlichen, politischen, öffentlichen und gemeindlichen Leben. (58 Verse)

. . . .

. . . .

. . . .

. . . .

198. Tag
Die Befehle Jahwes sind richtig;
sie erfreuen das Herz. (Ps 19,9)

Psalm
☐ 69
Römer
☐ 15
☐ 16

Wir lesen zuerst den Psalm, aus dem Paulus am Anfang des 15. Kapitels zitiert. – Wir lesen im Römerbrief weiter vom Umgang miteinander, von den Plänen des Apostels und ein ganzes Kapitel mit Grüßen. (97 Verse)

. . . .

. . . .

. . . .

. . . .

Wir lesen morgen weiter von den Propheten Jona, Amos, Hosea und Micha, die ungefähr zur gleichen Zeit lebten.
199.-206. Tag: Lesen Sie weiter auf Seite 95!

207. Tag

Ich liebe zu tun, was dir gefällt, Gott!
Denn dein Gesetz ist tief in mir verwahrt. (Ps 40,9)

Apostelge-
schichte

❑   20
❑   21
❑   22

Wir lesen von dem dreimonatigen Aufenthalt des Paulus in Griechenland, wo der Römerbrief entstand, und seiner Weiterreise über Troas, Milet, Ephesus bis nach Jerusalem. Dort geriet er in Gefahr, von den Juden gelyncht zu werden, und wurde deshalb von den Römern in Schutzhaft genommen. (108 Verse)

....

....

....

....

208. Tag

Zum Gottlosen aber spricht Gott:
»Was redest du von meinen Geboten,
führst meinen Bund in deinem Mund?« (Ps 50,16)

Apostelge-
schichte

❑   23
❑   24
❑   25

Wir lesen, wie Paulus sich auf sein römisches Bürgerrecht stützte und nach Cäsarea gebracht wurde, wie er sich vor Felix und Festus verteidigte und sich schließlich auf den Kaiser berief. (89 Verse)

....

....

....

....

209. Tag

Ja, diese Botschaft ist absolut zuverlässig und verdient unser volles Vertrauen: „Jesus Christus ist in die Welt gekommen, um Sünder zu retten.« (1Tim 1,15)

N och bevor Paulus sich auf den Kai-

Schlüsselwort:	Schlüsselvers:
Gemeindeordnung	3,15

ser berufen musste, schrieb er schon aus dem Gefängnis in Cäsarea seinen **ersten Brief an Timotheus**, den er in Ephesus zurückgelassen hatte. Zu dieser Zeit hoffte er noch, bald freizukommen und Timotheus auf seiner geplanten Romreise wieder besuchen zu können. Falls sich dieser Besuch aber verzögern würde, was durch seine derzeitige Gefangenschaft verständlich wäre, wollte Paulus seinem Mitarbeiter noch einige Instruktionen über die geistlichen Ordnungen in der Gemeinde geben.

1. Timotheus
❑ 1
❑ 2
❑ 3
Psalm
❑ 103

Wir lesen von dem Gebot, das Timotheus anvertraut worden ist, vom öffentlichen Gebet und vom geistlichen Haus. Paulus schließt mit einem Lobpreis des Herrn. – Wir lesen noch einen alttestamentlichen Lobpreis dazu. Psalm 103 ist wohl der freudigste aller Psalmen. (73 Verse)

. . . .

. . . .

. . . .

210. Tag

Widme dich ganz dem Vorlesen der Heiligen Schrift, dem Ermutigen der Gläubigen und dem Lehren. (1Tim 4,13)

Wir lesen von den Anforderungen an einen guten Lehrer, bekommen Ratschläge über den richtigen Umgang mit verschiedenen Gruppen in der Gemeinde und lesen **189**

1. Timotheus	schließlich von dem guten Kampf, der zu kämp-
☐　4	fen ist. (62 Verse)
☐　5	....
☐　6	

....

....

....

Im Alten Testament wenden wir uns ab morgen dem
berühmtesten Propheten Israels, Jesaja, zu.
211.-231. Tag: Lesen Sie weiter auf Seite 101!

232. Tag
Lehr mich, Jahwe, deinen Weg:
Ich will leben in deiner Wahrheit! (Ps 86,11)

Vielleicht noch vor dem Eintreffen des gefangenen Paulus

Schlüsselwort:	Schlüsselvers:
Handeln	10,45

in Rom vollendete **Markus** dort sein Evangelium nach den Pre-
digten des Petrus. In einem sehr lebendigen und anschaulichen
Bericht zeigt er Jesus als den Messias der Tat, der durch sein
Handeln die Menschen von seiner Gottessohnschaft überzeugt.

Markus	Wir lesen eine kurze Vorgeschichte und dann die
☐　1	Beschreibung vom Wirken des Herrn in Galiläa. Es
☐　2	kam schon zu einem ersten Widerstand gegen sein
☐　3	Tun, und es wird deutlich, dass die, die den Willen

Gottes tun, ihm wichtiger sind als seine Verwandten. (108 Verse)

....

....

. . . .

. . . .

233. Tag
Was er tut, ist zuverlässig und recht,
seine Gebote verdienen Vertrauen. (Ps 111,7)

Markus	Wir lesen von den Gleichnissen des Herrn, seinen
☐ 4	Machttaten, seiner Verwerfung in Nazareth und
☐ 5	vom Tod Johannes, des Täufers, in dem sich schon
☐ 6,	sein eigenes Sterben ankündigte. (113 Verse)
1-29	

. . . .

. . . .

. . . .

. . . .

234. Tag
Wie glücklich ist, wer Jahwe fürchtet,
wer große Freude hat an seinen Geboten! (Ps 112,1)

Markus	Wir lesen, wie der Herr seine Jünger in der Praxis
☐ 6,	schulte. Dann lesen wir von der Auseinanderset-
30-56	zung des Herrn mit den Pharisäern über ihre Tradi-
☐ 7	tionen und seinem Rückzug in die nördlichen
☐ 8	Gebiete. Dort kündigte er den Jüngern sein Leiden
	an. (102 Verse)

. . . .

. . . .

. . . .

235. Tag
Jahwe hat getan, was er plante,
hat seine Worte wahr gemacht,
die er schon lange verkünden ließ. (Kla 2,17)

Markus
- [ ] 9
- [ ] 10
- [ ] 11,
      1-11

Auch das Geschehen auf dem Berg der Verklärung wies auf die kommende Passion. Kurze Zeit später, in Galiläa, kündigte Jesus seinen Jüngern erneut sein Leiden an. Wir lesen vom Weg des Herrn nach Jerusalem. Er belehrte seine Jünger und kündigte zum dritten Mal sein Leiden an. Dann zog er wie ein König in Jerusalem ein. (103 Verse)

. . . .

. . . .

. . . .

. . . .

236. Tag
Du musst ihnen meine Worte sagen,
ob sie hören oder nicht! (Hes 2,7)

Markus
- [ ] 11,
      12-44
- [ ] 12
- [ ] 13

Wir lesen von der Lehrtätigkeit und den Gesprächen des Herrn in Jerusalem und seine Endzeitrede. (103 Verse)

. . . .

. . . .

. . . .

. . . .

. . . .

237. Tag

Das Wort Jahwes empfinden sie als Hohn,
sie wollen es nicht haben. (Jer 6,10)

Markus	
❏ 14	Wir lesen den Bericht vom Leiden und Sterben
❏ 15, 1-38	unseres Herrn. (110 Verse)

....

....

....

....

238. Tag

So ist es auch mit meinem Wort:
Es kehrt nicht leer zu mir zurück,
sondern bewirkt, was ich will,
und führt aus, was ich aufgetragen habe. (Jes 55,11)

Psalm	
❏ 22	Wir lesen den Psalm, in dem das Leiden des Herrn schon 1000 Jahre vor Christus geweissagt wurde.
Markus	Dann lesen wir von der Wirkung seines Todes, der
❏ 15, 39-47	Grablegung und Auferstehung unseres Herrn, mit der Gott sein Werk bestätigte. Schließlich zeigt uns
❏ 16	Markus, wie der Herr seinen Jüngern als Auferstandener begegnete. (61 Verse)

....

....

....

....

Im Alten Testament lesen wir ab morgen von frommen und gottlosen Königen und die Botschaft des Propheten Nahum.
239.-241. Tag: Lesen Sie weiter auf Seite 111!

242. Tag

Es muss euch klar sein: Das Evangelium, das ich euch verkündigt habe, ist kein Menschenwort. (Gal 1,11)

Um diese Zeit wird **Petrus** seinen **ersten Brief** geschrieben haben. Er schickte diesen Rundbrief an die Gemeinden im nördlichen Kleinasien, die aus Juden- und Heidenchristen zusammengesetzt waren. In Rom war der große Brand ausgebrochen, der eine erste Christenverfolgung ausgelöst hatte. Die Gläubigen in den römischen Provinzen fragten sich nun, was da auf sie zukommen würde und wie sie sich verhalten sollten.

Schlüsselwort:	Schlüsselvers:
Leiden	4,14

1. Petrus
☐ 1
☐ 2
Psalm
☐ 129
(58 Verse)

Wir lesen von der Wiedergeburt und dem daraus folgenden heiligen Wandel und von der Haltung der Erretteten gegenüber der Welt, dem Staat und dem eigenen Haushalt. Petrus stellt uns dabei das Vorbild des Herrn vor Augen. – Wir lesen dazu den Psalm, der schon das Leiden des Herrn andeutet.

....

....

....

....

243. Tag
Gott hat uns aufgetragen, diese Botschaft von der
Versöhnung zu verkündigen. (2Kor 5,18)

1. Petrus	Wir lesen von der Zuversicht der Erretteten und
❑ 3	ihrem heiligen Wandel in Verfolgungen und von
❑ 4	ihrem Auftrag und Dienst im Leiden. (55 Verse)
❑ 5	

....

....

....

Wir lesen ab morgen vom Leben und der Botschaft des
Propheten Jeremia, der persönlich viel Leid ertragen musste.
244.-260. Tag: Lesen Sie weiter auf Seite 112!

261. Tag
Auf Gott, dessen Wort ich rühme,
auf Gott vertraue ich und habe keine Angst:
Was könnte ein Mensch mir schon tun? (Ps 56,5)

Apostelge-	Wir lesen von der Rede des Paulus vor Festus und
schichte	Agrippa. Weil er sich auf den Kaiser berufen hatte,
❑ 26	wurde er in einem Gefangenentransport nach Rom
❑ 27	eingeschifft. Einige Freunde begleiteten den Apos-
❑ 28	tel, unter ihnen waren Lukas, Titus und Aristarch.

Widrige Winde zwangen die Seeleute, Kurs auf
Kreta zu nehmen. Dort hatten Paulus und seine Freunde offenbar genügend Zeit, die christlichen Gemeinden auf der Insel zu
besuchen und vielleicht sogar einige zu gründen (Apostelgeschichte 2,11; 27,3; Titus 3,13). Deswegen ließ der Apostel seinen Mitarbeiter Titus auf Kreta zurück, um die Missionsarbeit fortzusetzen und die Gemeinden zu stabili-   **195**

sieren. Doch kurz nach seiner Abreise geriet das Schiff in einen schweren Sturm. Es trieb nach Nordwesten in die äußere Adria und strandete nach 14-tägiger Irrfahrt an einer Insel. Die Gestrandeten wurden von den Inselbewohnern sehr freundlich behandelt und erfuhren, dass sie auf Melite gelandet waren, einem Küstenstreifen der westgriechischen Insel Kephallenia. Von dort aus schrieb Paulus einen Brief an Titus. – Wir lesen weiter, wie Paulus nach Rom kam, und von der relativen Freiheit, die er dort genoss. (107 Verse)

....

....

....

....

262. Tag
Die heiligen Schriften können dir die Weisheit vermitteln, die zur Rettung nötig ist – zur Rettung durch den Glauben an Jesus Christus. (2Tim 3,15)

Auf Kephallenia hatte Paulus erfahren, dass der Hauptmann in

Schlüsselwort:	Schlüsselvers:
Gesunde Lehre	1,9

der aufstrebenden westgriechischen Großstadt Nikopolis überwintern wollte. Diese war nur 60 Kilometer entfernt und verfügte über geeignete Unterkünfte für die mehr als 200 Gefangenen und Soldaten. Deshalb schrieb Paulus bald nach der Ankunft auf Kephallenia den **Titusbrief**, in dem er seinen Mitarbeiter auf Kreta bat, zu ihm nach Nikopolis zu kommen. Paulus gab seinem Mitarbeiter außerdem Ratschläge für die schwierigen Probleme in den Gemeinden auf Kreta und versprach ihm, Tychikus nach Kreta zu schicken. Allerdings änderte der Hauptmann wegen einer günstigen Wetterlage kurz darauf seine Meinung und schiffte sich mit den Gefangenen wieder ein, um baldmöglichst nach Rom zu kommen.

Titus	
❏	1
❏	2
❏	3

Wir lesen von gesunder Lehre, dass sie eine gute Führung voraussetzt, dass sie den verschiedenen Gruppen in der Gemeinde weitergegeben werden muss und dass sie Auswirkungen auf unser Verhalten in der Welt und untereinander hat. (46 Verse)

....

....

....

Wir verlassen nun für einen Tag das Neue Testament und lesen das Buch des Propheten Habakuk.
263. Tag: Lesen Sie weiter auf Seite 121!

264. Tag
Gebt dem Wort von Christus viel Raum
und lasst es seinen ganzen Reichtum in euch entfalten!
(Kol 3,16)

Als Gefangener in Rom durfte Paulus mit dem Soldaten, der

Schlüsselwort:	Schlüsselvers:
Gemeinde	1,23

ihn bewachte, in eine eigene Wohnung ziehen und dort die gute Botschaft von Jesus Christus zwei Jahre lang ungehindert lehren. In dieser Zeit, also um das Jahr 60 n.Chr., ist der **Epheserbrief** wahrscheinlich als erster der »Gefangenenbriefe« entstanden, denn Paulus schrieb ihn allein. Er richtete ihn als Rundbrief an die von Ephesus aus entstandenen Gemeinden in der Provinz Asia. Tychikus (6,21) würde den Brief auf seiner Reise nach Kolossä (Kolosser 4,7-8) überbringen.

Wir lesen von der Herrlichkeit der Erlösung, die wir durch Jesus Christus erhalten haben, und von der Offenbarung, die Paulus gegeben wurde, dass nämlich die gläubigen **197**

Epheser	
❏	1
❏	2
❏	3

Nichtjuden zusammen mit den gläubigen Juden eine Gemeinde bilden würden. – Das Fundament in 2,20 sind nicht diese begabten Männer selbst, sondern die Offenbarung Gottes, die sie empfingen und im Neuen Testament niederlegten. (66 Verse)

....

....

....

....

265. Tag
Die Füße mit der Bereitschaft beschuht,
die gute Botschaft vom Frieden mit Gott weiterzutragen!
(Eph 6,15)

Epheser	
❏	4
❏	5
❏	6

Wir lesen von der Praxis der Einheit in der Gemeinde, vom rechten Verhalten der Gläubigen und vom Kampf der Gemeinde. (89 Verse)

....

....

....

....

Wir verlassen jetzt das Neue Testament und lesen im
Propheten Jeremia weiter
266.-268. Tag: Lesen Sie weiter auf Seite 122!

269. Tag
Christus ist der Inhalt der guten Botschaft,
die mir anvertraut wurde. (2Tim 2,8)

	Schlüsselwort:	Schlüsselvers:
	Haupt	1,17-18

Kurze Zeit nachdem Paulus seinen Brief an die Epheser geschrieben hatte, trafen Timotheus, einer der treusten Mitarbeiter des Paulus, und Epaphras, der Gründer der Gemeinde von Kolossä, in Rom ein. Als der Apostel den Bericht des Epaphras vernommen hatte, verfasste er zusammen mit Timotheus einen **Brief an die Gemeinde in Kolossä**. Dieser Brief ist dem Epheserbrief sehr ähnlich, war aber kein Rundschreiben, sondern richtete sich an eine einzelne Gemeinde. Tychikus würde ihn zusammen mit dem Epheserbrief (Epheser 6,21) überbringen und dabei von dem Sklaven Onesimus begleitet werden (Kolosser 3,7-9).

Kolosser	Wir lesen, dass Christus in jeder Hinsicht an erster
❑ 1	Stelle steht, sowohl in den persönlichen Verhältnis-
❑ 2	sen als auch in der Lehre. (52 Verse)

. . . .

. . . .

. . . .

270. Tag
Unsere Liebe zu Gott zeigt sich im Befolgen seiner Gebote,
und das ist nicht schwer. (1Jo 5,3)

Kolosser	Wir lesen, dass Christus auch in unserem Verhalten
❑ 3	an erster Stelle stehen soll.
❑ 4	. . . .

. . . . **199**

. . . .

E inige Zeit vorher war Paulus mit einem ent- laufenen Sklaven in

Schlüsselwort:	Schlüsselvers:
Annehmen	1,12

Kontakt gekommen. Dieser Onesimus hatte sich bekehrt und Paulus wollte ihn wieder zu seinem Herrn zurückschicken. Das war Philemon, einer der verantwortlichen Brüder in der Gemeinde in Kolossä. Aus diesem Grund schrieb Paulus den **Philemonbrief.**

Philemon	Wir lesen auch noch diesen kleinen Brief, der jedoch
❏ 1	voller seelsorgerlicher Weisheit ist. (insgesamt 68 Verse)

. . . .

. . . .

Wir lesen morgen und übermorgen die Klagelieder des Propheten Jeremia.
271.-272. Tag: Lesen Sie weiter auf Seite 123!

273. Tag
Verlangt wie Neugeborene nach der unverfälschten Milch des Wortes Gottes, damit ihr durch sie heranwachst und das Ziel eurer Rettung erreicht. (1Petr 2,2)

A ls die Christen in Philippi von der Gefangenschaft des

Schlüsselwort:	Schlüsselvers:
Gesinnung	2,5

Paulus in Rom gehört hatten, schickten sie Epaphroditus mit einer Geldspende zu ihm. Der erkrankte in Rom so schwer, dass man um sein Leben fürchten musste. Nach seiner Genesung kehrte er nach Hause zurück und nahm den Dankes- brief des Paulus an die Gemeinde mit. Paulus war sehr mit den Philippern verbunden und schrieb voller Freude, Vertrauen und Hoffnung seinen **Philipperbrief.**

Philipper	Wir lesen, wie Paulus die Philipper zu einem christ-
❏ 1	lichen Lebenswandel ermutigte, wie er ihnen Bei-
❏ 2	spiele dafür zeigte, wie er sie direkt dazu ermahnte
❏ 3	und ihnen schließlich deutlich machte, dass sie dazu
❏ 4	fähig waren. (104 Verse)

. . . .

. . . .

. . . .

. . . .

Im Alten Testament wenden wir uns ab morgen dem
Propheten Hesekiël zu, der den Juden während der
babylonischen Gefangenschaft weissagte.
274.-289. Tag: Lesen Sie weiter auf Seite 125!

290. Tag
Doch ihr, haltet an der Botschaft fest,
die ihr von Anfang an gehört habt! (1Jo 2,24)

Für Paulus war die Aussicht, von einem römischen Gericht freigesprochen zu werden, während des zweijährigen Hausarrests immer mehr geschwunden. Sein Prozess endete tatsächlich mit seinem Todesurteil, und er wurde bis zur Hinrichtung in Ketten gelegt. Paulus rechnete mit seinem baldigen Tod. Deshalb bat er in seinem **zweiten Brief an Timotheus** diesen, so schnell wie möglich wieder zu ihm zu kommen. (Die Annahme einer Freilassung des Apostels, während der er eine Reise nach dem Osten und eine nach dem Westen unternommen

Schlüsselwort:	Schlüsselvers:
Kämpfe!	2,3

hätte und dann wieder gefangen genommen wäre, ist im Neuen Testament nicht bezeugt und außerdem unnötig, wenn man das Melite-Problem der Apostelgeschichte gelöst hat. Siehe S. 168.)

2. Timo- theus ❏ 1 ❏ 2 Psalm ❏ 143	Wir lesen Ermahnungen zu einem furchtlosen Bekenntnis, Ermunterungen zur Treue im Kampf des Glaubens und Warnungen vor Streitereien und Irrlehren. – Dazu lesen wir das Gebet aus dem Psalm. (56 Verse)

....

....

....

....

291. Tag
Die ganze Schrift ist von Gottes Geist gegeben
und von ihm erfüllt. Ihr Nutzen ist entsprechend:
Sie lehrt uns die Wahrheit zu erkennen, überführt uns von
Sünde, bringt uns auf den richtigen Weg und erzieht uns zu
einem Leben, wie es Gott gefällt. (2Tim 3,16)

2. Timo- theus ❏ 3 ❏ 4 Psalm ❏ 70	Wir lesen von den wenig erfreulichen Aussichten für die Endzeit und werden ermuntert, in aller Treue am Wort Gottes festzuhalten und standhaft in der Verkündigung zu sein. – Ob Paulus so gebetet hat, wie in dem Psalm beschrieben, wissen wir nicht. Wir lesen aber diese Bitte eines Verfolgten. (45 Verse)

....

....

....

Wir lesen nun im Buch des Propheten Hesekiël weiter,
wie ihm die Pracht eines neuen Tempels
für das erneuerte Israel gezeigt wird.
292.-295. Tag: Lesen Sie weiter auf Seite 133!

296. Tag

Mit der Schrift ist der Mensch, der Gott gehört und ihm dient,
allen seinen Aufgaben gewachsen und zu jedem guten Werk
gerüstet. (2Tim 3,17)

K urz vor seinem Mar-
tyrium schrieb **Pet-
rus** seinen **zweiten**

Schlüsselwort:	Schlüsselvers:
Erinnern	3,1-2

Brief an die gleichen Gemeinden, die auch seinen ersten Brief
bekommen hatten. In der Zwischenzeit war deutlich geworden,
dass den Gemeinden weniger von außen, als vielmehr von innen
Gefahr drohte. Es war die Gefahr von Zweifel und Irrtum, der
sich Petrus jetzt entgegenstellte.

2. Petrus	Wir lesen von der Art der wahren Erkenntnis, von
❑ 1	der Gefahr der Preisgabe der Erkenntnis und von
❑ 2	der Hoffnung auf die wahre Erkenntnis bei der
❑ 3	Wiederkunft des Herrn. – Wir lesen in dem Psalm,
Psalm	wie die ganze Schöpfung den Herrn loben soll. (75
❑ 148	Verse)

. . . .

. . . .

. . . .

Wir lesen weiter, wie Daniel sich bewährt hat und welche
Offenbarungen Gott ihm schenkte.
297.-301. Tag: Lesen Sie weiter auf Seite 135!

302. Tag
Durch die Macht seines Wortes trägt Christus das ganze All.
(Hebr 1,3)

Der **Hebräerbrief** wurde geschrieben, um Christen, die aus jüdischem Hintergrund kamen und mit dem Alten Testament und seinem Opfersystem vertraut waren, zu zeigen, dass Gott dabei war, etwas Neues zu tun, und sie sich nicht zurückziehen durften, sondern mit ihm im Glauben weitergehen müssten. Den Verfasser und den Entstehungsort des Briefes kennen wir zwar nicht, aber die Inspiration des Briefes, der um das Jahr 68 entstanden ist, ist unbestreitbar.

Schlüsselwort:	Schlüsselvers:
Besser	8,6

Hebräer
❏ 1
❏ 2
❏ 3
Psalm
❏ 8

Wir lesen von der Erhabenheit des Sohnes Gottes, der viel höher steht als alle Engel. Deshalb sollen wir auf ihn hören und ihn betrachten. Wir lesen den Psalm, der in Kapitel 2 zitiert wird. (61 Verse)

....

....

....

303. Tag
Christus ist für unsere Sünden gestorben, wie es die Schriften
gesagt haben. (1Kor 15,3)

Hebräer
❏ 4
❏ 5
❏ 6

Wir lesen von der Sabbatruhe des Gottesvolkes, dass wir eifern sollen, da hinein zu kommen, und dass wir das Bekenntnis zu unserem Hohen Priester festhalten sollen. Wir lesen aber auch von der Gefahr geistlicher Unreife. – Die Aussagen in Kapitel 6,4-10 haben immer wieder Anlass zu Diskussionen darüber gegeben, ob ein Wiedergeborener verloren

Psalm
❏ 95

gehen könne. Gesagt ist aber nur, dass es bei (ursprünglich jüdischen) Menschen, die die Segnungen des Evangeliums und das Wirken des Heiligen Geistes an sich erfahren haben (wahrscheinlich in der Form, dass der Geist ihnen Christus offenbarte) und sich dann doch bewusst von ihm abwandten, nicht möglich ist, wieder ganz von vorn anzufangen und den Grund für eine Buße zu legen. Denn diese Buße hatten sie offenbar immer verweigert. – Wir lesen dieses Loblied, in dem aber auch davor gewarnt wird, das Herz nicht zu verhärten. (61 Verse)

. . . .

. . . .

. . . .

. . . .

. . . .

304. Tag

Sie hörten keinen Tag damit auf, im Tempel und in Privathäusern zu lehren und die gute Botschaft zu verkündigen, dass Jesus der Messias ist. (Apg 5,42)

Hebräer
❏ 7
❏ 8
❏ 9

Wir lesen von unserem Herrn, dessen Hohenpriestertum dem des Melchisedek entspricht, dessen Amt aber das eines Mittlers für einen besseren Bund ist, nämlich den neuen Bund. (69 Verse)

. . . .

. . . .

. . . .

. . . .

305. Tag
Er versuchte, sie vom Gesetz Moses her und aus den Schriften
der Propheten zu überzeugen, dass Jesus der Messias ist.
(Apg 28,23)

Hebräer	
❑	10
❑	11
Psalm	
❑	40

Wir lesen von dem Gesetz, das im Gegensatz zu
Christus nie vollkommen machen kann, von der
Zuversicht, die wir haben, in die Gegenwart Gottes
zu treten, und von den Glaubenshelden des Alten
Testaments. – Das mutwillige Sündigen in Kapitel
10 meint offenbar die bewusste Abkehr von der
Wahrheit, obwohl man sie als Wahrheit erkannt hat. Für solche
Sünde gibt es kein Opfer mehr, denn das einzige gültige Opfer
des Herrn Jesus wurde ja verworfen und die alttestamentlichen
Opfer sind hinfällig. Die Menschen, von denen hier die Rede ist,
lebten zwar im Umfeld der Gemeinde, hatten sich aber noch
nicht bekehrt. – Wir lesen den Psalm, den der Verfasser des
Hebräerbriefes zitiert. (97 Verse)

....

....

....

....

306. Tag
Setzt auch den Helm des Heils auf und nehmt das Schwert des
Geistes, das Wort Gottes, in die Hand! (Eph 6,17)

Hebräer	
❑	12
❑	13

Wir lesen von der Praxis des Glaubens im Vorbild
des Herrn, in der Heiligung, die auf das Ziel des
Glaubens ausgerichtet ist, und sich auch in sozialen
und geistlichen Beziehungen auswirkt.

. . . .

U m das Jahr 80, einige Jahre nach dem zweiten Petrusbrief

Schlüsselwort:	Schlüsselvers:
Kampf	1,3

schrieb **Judas**, der Bruder des Herrn, einen **Brief**, der wahrscheinlich an Judenchristen im Umfeld von Palästina gerichtet war. Der Judasbrief will seine Leser ermahnen, für den ein für allemal überlieferten Glauben zu kämpfen, weil sich in die Reihen der Christen schon Männer eingeschlichen hatten, die Gottes Gnade in Ausschweifung verkehrten.

Judas
❑ 1

Wir lesen von der Ankündigung des Gerichts, dem Appell an historische Vorläufer, der Bestrafung abtrünniger Lehrer und von Ratschlägen für Gläubige. (79 Verse)

. . . .

. . . .

Ab morgen lesen wir, wie ein Teil Israels in seine Heimat zurückkehrt und beginnt, den Tempel wieder aufzubauen.
307.-313. Tag: Lesen Sie weiter auf Seite 138!

314. Tag
Die Schrift hat vorausgesehen, dass Gott die nichtjüdischen Völker durch den Glauben gerecht sprechen würde. (Gal 3,8)

U m das Jahr 85 n.Chr. verfasste Johannes, der Jünger, »den

Schlüsselwort:	Schlüsselvers:
Zeichen	20,31-32

Jesus besonders lieb hatte«, als letzter der vier Evangelisten sein Evangelium, wahrscheinlich in der Stadt Ephesus. Das **Johannes-Evangelium** ergänzt die anderen Berichte, legt aber den Schwerpunkt auf den Sinn der sorgfältig aus- **207** gewählten Ereignisse. Johannes zeigt den Herrn als den Sohn Gottes von Ewigkeit her. Er schrieb sein Evangelium, damit seine Leser glaubten, dass Jesus wirklich der Christus ist, der Sohn Gottes, und sie durch den Glauben an seinen Namen das Leben besitzen.

Johannes	Wir lesen vom Zeugnis des Täufers, dass Jesus der
❏ 1	Sohn Gottes ist, von den ersten Taten des Herrn, sei-
❏ 2	nem Gespräch mit Nikodemus und einem weiteren
❏ 3	Zeugnis des Täufers über ihn. (112 Verse)

. . . .

. . . .

. . . .

. . . .

315. Tag
Christus reinigte sie durch Gottes Wort wie durch ein
Wasserbad. (Eph 5,26)

Johannes	Wir lesen von dem Gespräch mit der Samariterin
❏ 4	und dessen Folgen, von einer Heilung in Galiläa und
❏ 5	einer in Jerusalem, worauf es zu einer ersten Aus-
Psalm	einandersetzung mit den Juden kommt. – Wir lesen
❏ 136	dazu das Lied von der ewig während Gnade. (127 Verse)

. . . .

. . . .

. . . .

. . . .

316. Tag
Ich werde ihnen meine Gesetze in Herz und Gewissen
schreiben. (Hebr 8,10)

Johannes	Wir lesen von den Zeichen und Reden des Herrn in
❑ 6	Galiläa und den Ereignissen auf dem Laubhütten-
❑ 7	fest in Jerusalem. (124 Verse)

. . . .

. . . .

. . . .

. . . .

317. Tag
Das Wort Gottes ist lebendig und wirksam.
Es ist schärfer als das schärfste zweischneidige Schwert,
das die Gelenke durchtrennt und das Knochenmark freilegt.
(Hebr 4,12)

Johannes	Wir lesen von den Konflikten mit den Schriftgelehr-
❑ 8	ten und Pharisäern durch die Ehebrecherin, durch
❑ 9	die Worte des Herrn und durch die Heilung des
Psalm	Blindgeborenen. – Wir lesen das Lied Davids, der
❑ 4	die Hilfe des Herrn in Bedrängnis erlebt. (109
	Verse)

. . . .

. . . .

. . . .

. . . .

318. Tag

Nachdem Jesus in Gottes Herrlichkeit zurückgekehrt war, erinnerten sich die Jünger, dass man ihn genauso empfangen hatte, wie es in der Schrift vorausgesagt war. (Joh 12,16)

Johannes
❑ 10
❑ 11
❑ 12

Wir lesen vom guten Hirten, von der Auferweckung des Lazarus und vom Abschluss des öffentlichen Wirkens des Herrn. (149 Verse)

. . . .

. . . .

. . . .

. . . .

319. Tag

Was die Schrift sagt, muss sich erfüllen: »Der, der mein Brot isst, tritt nach mir.« (Joh 13,18)

Johannes
❑ 13
❑ 14
❑ 15

Wir lesen, wie der Herr mit seinen Jüngern über sein und auch ihr bevorstehendes Leiden sprach und über ihre künftige Verbindung mit ihm durch den Geist Gottes. (96 Verse)

. . . .

. . . .

. . . .

. . . .

320. Tag

Wenn dann der Geist der Wahrheit gekommen ist, wird er euch zum vollen Verständnis der Wahrheit führen. (Jo 16,13)

210 Wir lesen, wie der Herr seinen Jüngern den Heiligen Geist ankündigte und wie er für sie und uns betete.

Johannes	Dann lesen wir von seiner Gefangennahme und
❏ 16	dem Verhör. (99 Verse)
❏ 17	....
❏ 18	

....

....

....

321. Tag

Aus freiem Liebeswillen hat er uns durch das Wort der
Wahrheit neues Leben geschenkt. (Jak 1,18)

Johannes	Wir lesen von der Verurteilung des Herrn, seinem
❏ 19	Tod, seiner Auferstehung und der Begegnung mit
❏ 20	seinen Jüngern am See. (98 Verse)
❏ 21	

....

....

....

....

Wir verlassen jetzt das Neue Testament und lesen das Buch
von der wunderbaren Rettung Israels aus Ägypten.
322.-330. Tag: Lesen Sie weiter auf Seite 143!

331. Tag

Gott hat die Macht, euch durch das Evangelium, das mir anvertraut ist, und durch die Predigt von Jesus Christus im Glauben zu festigen. (Röm 16,25)

Schlüsselwort:	Schlüsselvers:
Heilsgewissheit	5,13

Nur wenige Jahre nach dem Evangelium schrieb **Johannes** seinen **ersten Brief** an die gleichen Empfänger. Nachdem er durch das Evangelium ihren Glauben geweckt hatte, wollte er ihnen nun durch den Brief zur Glaubensgewissheit verhelfen. Außerdem standen viele in Gefahr, das Gedankengut der damaligen Philosophie mit ihrem Glauben zu vermischen.

1. Johannes
❑ 1
❑ 2
❑ 3
Psalm
❑ 30

Wir lesen von der Gewissheit durch das Leben im Licht und der Gewissheit, die durch das Bleiben in der Liebe geschenkt wird. Dazu lesen wir den Psalm, der Erfahrungen Davids mit seinem Gott beschreibt. (76 Verse)

....

....

....

....

332. Tag

Durch Jesus Christus und durch das Evangelium bin ich euch zum Vater geworden. (1Kor 4,15)

1. Johannes
❑ 4
❑ 5

Wir lesen von dem Beweis der Wahrheit und der Liebe und von der Gewissheit durch die Ausübung des Glaubens.

....

....

. . . .

D er zweite und der dritte Johannesbrief sind vielleicht als Begleitbriefe zu dem ersten geschrieben worden: der eine an die Gemeinde unter der Adresse der »auserwählten Herrin« und der andere an den Seelsorger Gajus.

Schlüsselwort:	Schlüsselvers:
Verführer	1,7

Schlüsselwort:	Schlüsselvers:
Wahrheit	1,4

2. Johannes	Wir lesen von der Praxis und dem Schutz der
❑ 1	Wahrheit, von der Ermutigung der Arbeiter und
3. Johannes	dem Tadel für die Widersacher der Wahrheit. (70
❑ 1	Verse)

. . . .

. . . .

. . . .

Wir verlassen jetzt das Neue Testament und bekommen ab morgen durch die Chronikbücher einen Überblick über das ganze Alte Testament.
333.-358. Tag: Lesen Sie weiter auf Seite 149!

359. Tag
Johannes berichtet alles genau so, wie er es als Wort Gottes von Jesus Christus empfangen hat. (Offb 1,2)

N och im hohen Alter wurde der Apostel Johannes auf die Insel Patmos verbannt. Dort wurde ihm die **Offenbarung** geschenkt, ein prophetisches Schreiben, das an

Schlüsselwort:	Schlüsselvers:
Vollendung	21,5

die sieben Gemeinden in Kleinasien gerichtet ist, die in Kapitel 2 und 3 genannt werden. Johannes wollte die Gläubigen in ihrem Leiden ermutigen und in ihrer Zuversicht auf den wiederkommenden Herrn, der seine Gerechtigkeit gerade auch in seinen Gerichten beweisen wird, stärken. In dem letzten Buch der Bibel wird deutlich: Gott ist der Herr der Geschichte und ihm gebührt alle Anbetung.

Offen-barung	
☐ 1	Wir lesen, wie der auferstandene Herr sich dem Johannes offenbarte und ihm den Auftrag gab, die Offenbarung zu schreiben. Dann lesen wir die Botschaften an die sieben Gemeinden. (71 Verse)
☐ 2	
☐ 3	

....

....

....

....

360. Tag
Weil ich das Wort Gottes verkündige und für die Botschaft von Jesus eintrete, bin ich auf die Insel Patmos verbannt worden.
(Offb 1,9)

Offen-barung	
☐ 4	Wir lesen vom Thron Gottes und der Anbetung des Lammes, von der Öffnung der ersten sechs Siegel und von der großen Schar der Erlösten, die Gott und das Lamm anbeten. (59 Verse)
☐ 5	
☐ 6	
☐ 7	

....

....

....

....

361. Tag
Paulus, dazu bestimmt, Gottes Evangelium bekannt zu machen. (Röm 1,1)

Offen-	Wir lesen von der Öffnung des siebenten Siegels,
barung	worauf die durch Posaunen angekündigten sieben
❏ 8	Gerichte begannen. Dennoch taten die Menschen
❏ 9	nicht Buße. Dann lesen wir von dem starken Engel
❏ 10	mit dem Büchlein, das Johannes essen sollte. (45
	Verse)

. . . .

. . . .

. . . .

. . . .

362. Tag
Ich bin zur Verteidigung des Evangeliums bestimmt.
(Phil 1,16)

Offen-	Wir lesen von den zwei Zeugen und der Ankündi-
barung	gung der Vollendung, von der Frau, die von dem
❏ 11	Drachen verfolgt, und ihrem Kind, das zu Gott ent-
❏ 12	rückt wird, und von dem Tier aus dem Meer und
❏ 13	dem aus der Erde. (55 Verse)

. . . .

. . . .

. . . .

. . . .

363. Tag

»So steht es geschrieben«, erklärte er ihnen, »und so musste
der Messias leiden und sterben und am dritten Tag danach von
den Toten auferstehen.« (Lk 24,46)

Offen-barung	Wir lesen vom Lamm und den 144.000, der Ernte

Offen-
barung
❏ 14
❏ 15
❏ 16
Psalm
❏ 98

Wir lesen vom Lamm und den 144.000, der Ernte
auf der Erde und von den sieben Zornesschalen. –
Wir lesen dazu dieses Loblied vom Herrn, der seine
Gerechtigkeit offenbart hat. (58 Verse)

....

....

....

....

364. Tag

Da sagte Jesus: »Weg mit dir, Satan! Es steht geschrieben: ›Du
sollst den Herrn, deinen Gott, anbeten und ihm allein
dienen!‹«(Mt 4,10)

Offen-
barung
❏ 17
❏ 18
❏ 19
Psalm
❏ 147

Wir lesen von der Ausgießung der Zornesschalen,
von der Hure Babylon und dem Untergang Baby-
lons und dann im Gegensatz dazu von der Braut des
Lammes und dem neuen Jerusalem. – Wir lesen
dazu das Lob Gottes, der Jerusalem aufbaut. (83
Verse)

....

....

....

....

365. Tag
Das Wort seiner Gnade hat die Kraft, euch im Glauben
wachsen zu lassen. (Apg 20,32)

Offen- barung	Wir lesen vom Tausendjährigen Reich und von dem neuen Himmel und der neuen Erde. – Wir lesen dazu, wie Gott in seinem Heiligtum gelobt werden soll. (69 Verse)
☐ 20	
☐ 21	....
☐ 22	
Psalm	
☐ 150	....

....

....

> **Die Bibel legt man nicht zur Seite wie ein anderes Buch,
> das man durchgelesen hat. Die Bibel liest man immer
> wieder, denn ihre Botschaft wird nicht alt und ihre Kraft
> nimmt nicht ab.**

*»Wenn ihr bei dem bleibt, was ich euch gesagt habe, seid ihr
wirklich meine Jünger. Dann werdet ihr die Wahrheit erkennen
und die Wahrheit wird euch frei machen.« Das sagte unser
Herr. (Joh 8,31-32)*

**Wer mit einer anderen Bibelübersetzung wieder von vorn
beginnt, wird beim nächsten Lesen noch mehr Gewinn für
sein geistliches Leben davontragen.**

Die Mitglieder des Bibelbundes ...

»... bekennen sich zu dem Glauben, daß allein die Bibel Alten und Neuen Testaments nach ihrem Selbstzeugnis bis in den Wortlaut hinein das durch göttliche Inspiration empfangene, wahre Wort Gottes und verlässliche Zeugnis von seiner Offenbarung in der Geschichte ist.

Sie halten an der völligen Zuverlässigkeit und sachlichen Richtigkeit aller biblischen Aussagen – auch in geschichtlicher und naturkundlicher Hinsicht – sowie ihrer uneingeschränkten Geltung in ihrem heilsgeschichtlichen Zusammenhang fest.

Sie bezeugen, dass die Bibel keinen wirklichen Widerspruch enthält, sondern eine von Gott gewirkte Einheit ist. Durch sie schafft Gott den Glauben. Sie ist in allem, was sie sagt, uneingeschränkte göttliche Autorität und Norm für Lehre und Leben.«

Was ist Inspiration

Den Aussagen der Bibel über sich selbst entspricht die Lehre von der Verbal- bzw. Ganzinspiration. Das meint, dass auch die Worte der Bibel, nicht nur ihre Verfasser oder gar nur die großen Konzepte, vom Geist Gottes inspiriert wurden.

Erich Sauer definierte Inspiration so:

»Biblische Inspiration ist diejenige Tätigkeit des Heiligen Geistes, durch die er den aktiven menschlichen Geist des biblischen Schreibers geheimnisvoll erfüllt, lenkt und überwaltet, sodass eine untrügliche, geistdurchwirkte Niederschrift entsteht, eine heilige Urkunde, ein Buch Gottes, mit dem sich der Geist Gottes auch weiterhin verbindet.«

Die Chicago-Erklärung zur Irrtumslosigkeit der Bibel macht außerdem deutlich,

»dass die Inspiration, streng genommen, nur auf den autographischen Text der Schrift zutrifft, der aber durch die Vorsehung Gottes anhand der zur Verfügung stehenden Handschriften mit großer Genauigkeit ermittelt werden kann. Wir bekennen ferner, dass Abschriften und Übersetzungen der Schrift insoweit Gottes Wort sind, als sie das Original getreu wiedergeben.«

Weil Gott wirkliche Menschen inspiriert und nicht nur als »Diktatmaschinen« benutzt hat, besitzt die Bibel auch eine menschliche Seite, die wir in Abhängigkeit von den Aussagen der Heiligen Schrift so gut wie möglich erforschen dürfen.

Die menschliche Seite der Entstehung der biblischen Bücher

Jahr vor Christus

1450	Frühestmögliche Entstehung des Buches **Hiob**, wenn Mose der Verfasser war. Mose lebte immerhin 40 Jahre in der Nachbarschaft des Landes Uz.
1445 –?	Irgendwann zwischen dem Auszug aus Ägypten und seinem Tod auf dem Berg Nebo 1405 v.Chr. schrieb **Mose** seine **fünf Bücher**. Er verfasste auch den Psalm 90. Der Bericht über seinen Tod wurde wahrscheinlich von Josua hinzugefügt.
1385	**Josua** schreibt um diese Zeit an seinem Buch. Vollendet wurde es kurz nach seinem Tod.
1030	**Das Buch der Richter** entsteht. Möglicherweise war Samuel sein Verfasser.
1012	**Das Buch Rut** entsteht. Es wurde vielleicht auch von Samuel um diese Zeit verfasst.
971	David hat in seinem Leben etwa 75 **Psalmen** verfasst.
970	Salomo verfasst das Lied der Lieder (**Hohelied**) und später auch zwei Psalmen.
931 –?	Die **Bücher Samuel** werden (ursprünglich als ein Buch) von einem unbekannten inspirierten Verfasser aufgeschrieben.

um 930	Salomo verfasst **das Buch Prediger** gegen Ende seines Lebens. Auch der größte Teil des Buchs der Sprüche stammt von ihm.
um 842	**Der Prophet Obadja** schreibt seine Weissagung gegen Edom auf.
um 835	**Der Prophet Joël** schreibt seine Botschaft nieder.
um 760	**Amos** wirkt als **Prophet** und schreibt seine Botschaft nieder.
um 750	Jesajas Wirken als Prophet beginnt
um 758	**Der Prophet Jona** schreibt seine Geschichte auf.
um 730	**Der Prophet Micha** schreibt seine Botschaft nieder.
um 712	**Der Prophet Hosea** schreibt seine Botschaft wohl gegen Ende seines Wirkens nieder.
um 700	**Das Buch der Sprüche** wird endgültig zusammengestellt.
um 790	Zu dieser Zeit wird **der Prophet Jesaja** sein Buch abgeschlossen haben.
um 660	**Nahum** richtet seine Botschaft gegen Ninive.
626	Der Prophet Jeremia beginnt seinen Dienst im Südreich Juda.
um 625	**Der Prophet Zephanja** schreibt seine Botschaft nieder.
um 610	**Der Prophet Habakuk** schreibt seine Botschaft nieder.
605	Daniel wird als 14-jährige Geisel nach Babylon verschleppt.
593	Hesekiël wird in Babylon zum Propheten berufen.
586	Jeremia erlebt den Untergang Jerusalems und schreibt seine **Klagelieder**.
586 –?	**Der Prophet Jeremia** wird nach Ägypten geführt und schreibt seine Weissagungen endgültig auf.
570	**Der Prophet Hesekiël** empfängt seine letzte datierte Weissagung und vollendet anschließend sein Buch.
560 –?	**Die beiden Königebücher** werden von einem unbekannten inspirierten Verfasser niedergeschrieben (ursprünglich als ein Buch).

535	**Der Prophet Daniel** verfasst sein geschichtlich-prophetisches Buch.
520	**Der Prophet Haggai** wirkt in Jerusalem und verfasst sein Buch. Der Prophet Sacharja beginnt seinen Dienst.
um 500	**Das Buch der Psalmen** wird zusammengestellt.
um 470	**Der Prophet Sacharja** vollendet sein Buch.
um 450	Der Schriftgelehrte **Esra** verfasst sein **Buch**. **Das Buch Ester**, das auf den Bericht Mordechais zurückgeht, entsteht.
um 440	**Die Chronikbücher** werden vermutlich von dem Schriftgelehrten Esra zusammengestellt.
um 427	**Der Prophet Maleachi** schreibt seine Weissagungen nieder.
um 420	**Nehemia** schreibt seine Geschichte auf.

Die Zeit zwischen den Testamenten

377	Die Samariter errichten einen eigenen Tempel auf dem Berg Garizim.
333	Alexander der Große überrennt bei Issus das zahlenmäßig überlegene persische Heer (Erfüllung von Daniel 8,1-7).
332	Alexander erobert Tyrus. Damit erfüllt sich die die Weissagung von Hesekiel 26-27.
323	Alexander stirbt im Alter von 32 Jahren. Sein Reich zerfällt in vier Teile (Daniel 8,8; 11,4 erfüllen sich).
275 ?	Das Alte Testament wird ins Griechische übersetzt.
252-164	Viele Prophezeiungen Daniels erfüllen sich in den Kämpfen der griechischen Herrscher von Ägypten und Syrien und dem Aufstand der Makkabäer.
164-63	Der Makkabäeraufstand führt noch einmal zu einem jüdischen Staat, dem Hasmonäerreich.
63 –?	Die Römer beenden die Unabhängigkeit Judäas.
40	Herodes wird zum König von Judäa ernannt und erobert sich sein Reich.

19   Herodes beginnt mit dem Umbau des Tempels.

7   Unser Herr Jesus Christus wird geboren.

Jahr nach Christus

30   Kreuzestod und Auferstehung unseres Herrn.

45   **Jakobus** schreibt seinen **Brief** an messiasgläubige Juden, die durch die Verfolgungen in Jerusalem zerstreut worden sind.

48   Paulus schreibt seinen **Brief an die Galater**.

um 50   **Matthäus** schreibt das **Evangelium** in aramäischer Sprache für seine Landsleute in Israel auf.

51   Paulus schreibt aus Korinth den **ersten Thessalonicherbrief** und lässt ihn von Timotheus überbringen.

52   Paulus schreibt aus Korinth aufgrund der Nachrichten des Timotheus den **zweiten Thessalonicherbrief**, der wieder von Timotheus überbracht wird.

55   Paulus schreibt von Ephesus aus den **ersten Korintherbrief** und lässt ihn von Timotheus überbringen.

56   Weil sein Brief keinen Erfolg hatte, schreibt Paulus den Korinthern unter Tränen (2Kor 2,4) einen weiteren Brief und lässt ihn von Titus überbringen. Weil er dessen Rückkehr aber nicht abwarten kann, bricht er eine erfolgreiche Missionsarbeit in Troas ab, reist ihm entgegen und schreibt in Mazedonien den **zweiten Korintherbrief**.

57   In Korinth eingetroffen, schreibt Paulus den **Römerbrief**, weil er die Unterstützung der Gläubigen dort für eine Missionsarbeit in Spanien gewinnen will.

          Markus vollendet sein **Evangelium** in Rom, das er nach den Predigten des Petrus aufgeschrieben hat.

          Paulus wird in Jerusalem verhaftet und nach Cäsarea gebracht. **Lukas** ist bei ihm, recherchiert für sein **Evangelium** und schreibt es nieder.

58   Paulus schreibt seinen **ersten Brief an Timotheus**, den er in Ephesus zurückgelassen hat.

    Paulus ist im Schiff mit anderen Gefangenen nach

Rom unterwegs. Titus verlässt das Schiff auf Kreta.

59 Es strandet später am südlichen Rumpf der Insel Kephallenia (= Melite). Von dort aus schreibt Paulus einen **Brief an Titus**.

Petrus schreibt von Rom aus seinen **ersten Brief** an die Christen, die in Pontos, Galatien, Kappadozien, der Provinz Asia und in Bithynien leben.

60 Paulus trifft in Rom ein und darf mit dem Wachsoldaten in eine eigene Wohnung ziehen. Es entsteht der **Epheserbrief**.

Als Timotheus und auch Epaphras in Rom eintreffen, schreibt Paulus auf den Bericht des Epaphras hin den **Kolosserbrief**.

Paulus gibt dem entlaufenen Sklaven Onesimus, der sich bei ihm bekehrt hatte, ein Begleitschreiben an seinen Herrn mit, den **Philemonbrief**.

61 Paulus schreibt den **Philipperbrief**.

62 Lukas vollendet sein zweites Werk, die **Apostelgeschichte**.

Paulus schreibt seinen letzten Brief, den **zweiten Brief an Timotheus**.

66 **Petrus** schreibt seinen **zweiten Brief** von Rom aus an die gleichen Empfänger.

68 **Der Hebräerbrief** wird von Italien aus an Christen geschrieben, die stark vom jüdischen Denken herkommen und in Gefahr stehen, in ihren alten Glauben zurückzufallen.

80 **Judas**, der Bruder des Herrn, schreibt seinen **Brief** an israelische Judenchristen.

um 85 **Johannes** schreibt sein **Evangelium** – vielleicht in Ephesus.

um 90 **Johannes** schreibt seine **drei Briefe** vermutlich von Ephesus aus.

96 **Johannes** empfängt auf Patmos die **Offenbarung** und schreibt auf, was Gott ihn sehen und hören lässt.

 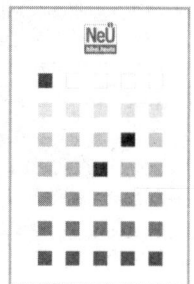